智库丛书
Think Tank Series

Observation on Basic Elements of
Africa Economic Development

非洲经济发展
基本因素研究

智宇琛 / 著

中国社会科学出版社

图书在版编目(CIP)数据

非洲经济发展基本因素研究/智宇琛著.—北京：中国社会科学出版社，2018.4

ISBN 978-7-5203-2478-6

Ⅰ.①非… Ⅱ.①智… Ⅲ.①经济发展—研究报告—非洲 Ⅳ.①F140.4

中国版本图书馆CIP数据核字(2018)第085115号

出版人 赵剑英
责任编辑 范晨星
责任校对 冯英爽
责任印制 王 超

出 版 中国社会科学出版社
社 址 北京鼓楼西大街甲158号
邮 编 100720
网 址 http://www.csspw.cn
发行部 010-84083685
门市部 010-84029450
经 销 新华书店及其他书店

印 刷 北京君升印刷有限公司
装 订 廊坊市广阳区广增装订厂
版 次 2018年4月第1版
印 次 2018年4月第1次印刷

开 本 710×1000 1/16
印 张 8.75
插 页 2
字 数 75千字
定 价 39.00元

凡购买中国社会科学出版社图书，如有质量问题请与本社营销中心联系调换
电话:010-84083683

摘要：根据发展经济学的主流观点，各国经济的发展程度，可以划分为资源驱动、效率驱动和创新驱动三个阶段。其中资源驱动阶段是国民经济发展的最初级阶段，绝大多数非洲国家均处于资源驱动的发展阶段。本报告的写作目的，在于系统性地研究非洲国家国民经济发展的基础性因素的现状及特点。

在本报告的第一章中，对非洲近年来的经济规模和增长速度进行了系统研究，并考察了非洲经济增长动能转化的可能因素和方向。第二章重点研究非洲的全球贸易，虽然与中国的贸易是非洲国际贸易的重要内容，但本报告重点关注的，是非洲与全世界各国贸易的变动情况。第三章主要研究非洲的跨国直接投资，需要说明的是，本报告的研究是从近年来全球资本的总体流动趋势入手，以期更好地理解非洲国家在此背景下吸引外国投资的情况。第四章主要分析非洲的治理环境，重点关注非洲国家政策和法律环境、安全环境以及公司治理环境的全球排名情况。第五章是关于非洲的基础设施和技术成熟度，并分析了非洲国家的创新能力。第六章的研究重点是非洲的人力资源和教育、培训情况，尤其关注了第四次工业革命给非洲带来的挑战。第七章特别关注了非洲的粮食危机，因为这一问题在非洲尤为严重，对其经济发展有着重大制约，因此不容忽视。在部分章节中，也提出了关于中非合作的一些建议。

关键词：全球视野；非洲；经济；资源驱动

Abstract: According to the mainstream view of development economics, the degree of economic development can be divided into three stages: resource drive, efficiency drive and innovation drive. The resource – driven stage is the primary stage of national economic development, and most African countries are in the stage of resource driven development. The purpose of this book is to systematically study the present situation and characteristics of the basic factors of national economic development in African countries.

In the first chapter of this book, we systematically studied the economic size and growth rate of Africa in recent years, and examined the possible factors and directions of the transformation of economic growth momentum in Africa. The second chapter focuses on Africa´s global trade, while trade with China is an important content of international trade in Africa, but this book focuses on, in Africa and the changes of world trade. The third chapter mainly studies transnational direct investment in Africa, to be sure, the book´s research from the overall flow trend of global capital in recent years, in order to better understand the African countries under the background of attracting foreign investment. The fourth chapter focuses on the governance environment in Africa, focusing on the global ranking of African national policies and legal environment, security environment and corporate governance environment. The fifth chapter is about the infrastructure and technology maturity of Africa, and analyzes the innovative capacity of African countries. Chapter6 focuses on human resources and education and training in Africa, with particular attention to the challenges posed by the fourth industrial revolution to Africa. Chapter 7 pays particular attention to the food crisis in Africa, which is particularly serious in Africa and has significant constraints on its economic development, so it cannot be ignored. In some chapters, some Suggestions on china – Africa cooperation have also been put forward.

Key Words: Global; Africa; Economic; Resource – driven

前　言

在欧洲资本主义国家向全球进行资本输出、在全世界建立殖民地以及寻求原料产地和商品倾销市场的过程中，非洲大陆不可避免地成为全球资本及产业链条上的从属环节。第二次世界大战结束后世界格局的形成和变化，包括冷战时期美苏在非洲的争霸及“代理人战争”，以及以美英为主导的战后全球化进程等，都没有改变这一根本逻辑。

在全球视野下观察非洲经济，应该注意到两种情况几乎总是同时存在。一方面，当非洲面临不利于自身发展的外部经济条件时，大量人道主义危机（例如战争、饥荒、疾病、难民等）总是随即发生，这一事实说明全球经济情况的不利变动对非洲会造成非常重大的负面影响；而另一方面，非洲经济的很多方面受到全球经济的影响并不大。例如，在国际金融危机中，非洲的金融机构并未受到大的冲击；又如全球工业 4.0 趋势对非洲的冲击远不如对东南亚等其他地区的冲击；等等。这两种表面上看起来很矛盾的现象，其合理的解释，应当是非洲处于全球经济体系中，其脆弱性和边缘性的特点十分明显。正如法国前总统尼古拉·萨科齐所言："非洲的悲剧在于非洲尚未真正进入历史。非洲农民千百年来日出而作、日落而息，每天重复着同样的动作，说着同样的话语。在这个万物不断重新开始的想象世界，并无人类冒险和进步概念的空间。"①

根据发展经济学的主流观点，各国经济的发展程度，可以划分为资源驱动、效率驱动和创新驱动三个阶段。其中资源驱动阶段是国民经济发展的最初级阶段，在此阶段，国民经济的发展主要依赖于自然资源、非熟练劳动力等因素；由于生产力水平低，此阶段工资水平在低水平徘徊，国民收入增长缓慢。资源驱动阶段对增长起到主要驱动作用的因素包括制度环境、基础设施、宏观经济环境以及健康和基础教育。

① 参见法国总统尼古拉·萨科齐 2007 年在塞内加尔首都达喀尔的演讲（http：//www. jeuncafrique. com/173901/politique/france - s - n - gal - extraits - du - diseours - de - dakar - prononc - par - nicolas - sarkory - ell - 2007，2016 - 10 - 18）。

按照这一标准，非洲除了少数国家外，绝大多数国家均处于资源驱动的发展阶段。

本报告的写作目的，在于系统性地研究非洲国家国民经济发展的基础性因素的现状及特点。本报告所采用的主要数据，是来源于世界经济论坛所发布的《全球竞争力报告》。该报告最早发布于1979年，目前每年发布1次。经过多年的研究和积累，该报告已成为研究全球各国经济的比较系统和权威的研究报告。需要指出的是，客观、全面地评估全球各国的竞争力情况并非易事，其所涉及的各项指标，既包括大量客观性指标，也包括很多主观性指标，还包括众多的权重指数。针对这样的情况，世界经济论坛《全球竞争力报告》工作组建立了一整套数据调查、搜集和整理的模型框架。针对“全球竞争力指数”所涉及的每一项指标，均有相应的调查问卷、评分体系和评估方法。基于此，本报告对非洲经济的研究，也就自然基于一定的全球视野。本报告主要包括以下内容。

在本报告的第一章中，对非洲近年来的经济规模和增长速度进行了系统研究，并考察了非洲经济增长动能转化的可能因素和方向。第二章重点研究非洲的全球贸易，虽然与中国的贸易是非洲国际贸易的重要内容，但本报告重点关注的，是非洲与全世界各国贸易的变动情况。第三章主要研究非洲的跨国直接投资，需要说明的是，本报告的研究是从近年来全球资本的总体流动趋势入手，以期更好地理解非洲国家在此背景下吸引外国投资的情况。第四章主要分析非洲的治理环境，重点关注非洲国家的政策和法律环境、安全环境以及公司治理环境的全球排名情况。第五章是关于非洲的基础设施和技术成熟度，并分析了非洲国家的创新能力。第六章的研究重点是非洲的人力资源和教育、培训情况，尤其关注了第四次工业革命给非洲带来的挑战。第七章特别关注了非洲的粮食危机，因为这一问题在非洲尤为严重，对其经济发展有着重大制约，因此不容忽视。在部分章节中，也提出了关于中非合作的一些建议。

毋庸置疑，中国已成为帮助非洲发展的重要力量，在经历了十余年的快速发展后，中非合作也需要调整和升级。在本报告的结论中，基于各章节的分析，也对中非合作提出若干建议，以抛砖引玉，希望能引发更多的思考和探讨。由于笔者水平有限，其中不成熟的地方，希望读者给予谅解并提出批评意见。

目　录

第一章　非洲的经济规模和增长

国际经济学领域关于非洲经济的研究成果汗牛充栋，但很多现象却充满矛盾，以至于准确描述非洲经济的情况并不容易。一方面，在非洲既有高楼林立、繁华拥挤的商业区，也有破烂不堪、污水横流的贫民窟；另一方面，一些非洲国家的经济增速之高让人惊讶，但同时非洲的贫困和落后也长期难以改变。

根据全球其他地区的发展经验，以制造业为核心的工业化进程是实现国家和地区现代化的必由之路。然而，这一先验性的结论在非洲则遇到了重重挑战。尤其在第四次工业革命的冲击下，要实现非洲成为新的全球制造业中心的目标似乎已遥不可及。那么，非洲未来的发展之路到底在何方？

应当看到，非洲经济是全球经济的一个组成部分，因此，对非洲经济未来发展的期待也应当放在全球范围之中来看。某种程度而言，回顾过去即是展望未来，因此在全球视野下对非洲近年来的经济发展情况进行梳理和分析是判断其未来发展方向的必要基础。

第一节　全球视野下的非洲经济总量和增长速度

自2008年金融危机以来，全球各国所面对的外部经济条件具备三个主要特征：其一是全球范围内的货币超发，以及由此带来的全球资产价值高估；其二是多数国家重视基础设施建设，并将其作为对冲经济下滑的重要手段；其三是大宗商品价格剧烈波动，并由此带来全球贸易总量的急剧变化。

非洲国家在面临近年来的全球经济变局时，首要的困难是资本原始积累不足，拿不出充足的资金对冲国际经济波动的冲击。尤其是当国际大宗商品价格波动时，非洲依靠能矿资源出口的国家往往出现巨大的经济震荡。然而，在此过程中，那些政局稳定、重视基础设施建设以及经济多元化发展的非洲国家则从中受益，近年来非洲各国经济也因此表现各异，呈现差异化发展态势。

一　金融危机后全球经济总量分布情况

自 2008 年国际金融危机以来，全球经济总量始终保持增长（参见表 1-1、表 1-2）。2007 年全球 GDP 总量为 57.99 万亿美元，除了 2009 年因受金融危机影响低于 2008 年水平外，其余年份均保持上升态势，至 2012 年达到 74.8 万亿美元，至 2016 年年底达到 76.35 万亿美元。全球经济总量的增长，说明金融危机后的全球金融格局中，始终存在克服危机影响、实现正增长的经济体和发展动能。同时，总体增长之下，全球各大洲的经济总量增长各有差异。

表 1-1　　全球及各大洲经济总量（2007—2016 年）

单位：万亿美元

年份 / 地区	2007	2008	2009	2010	2011	2012	2013	2014	2015	2016
全球	57.99	63.55	60.24	65.91	73.27	74.80	76.83	78.61	74.18	76.35
美洲	19.89	20.85	20.01	21.92	23.37	24.13	24.86	25.45	25.00	26.01
亚洲	15.19	17.52	17.81	20.74	24.05	25.54	25.95	26.80	26.50	27.65
欧洲	20.27	22.28	19.52	19.83	21.93	21.00	21.84	22.16	18.97	18.89
大洋洲	1.15	1.22	1.17	1.48	1.75	1.80	1.76	1.70	1.45	1.50
非洲	1.49	1.77	1.64	1.94	2.16	2.38	2.41	2.50	2.27	2.24

资料来源：UNCTAD Statistics Handbook 2017。

表 1-2　　**各大洲经济总量的全球比重**　　单位:%

地区＼年份	2007	2008	2009	2010	2011	2012	2013	2014	2015	2016
美洲	34.29	32.81	33.36	33.25	31.90	32.26	32.35	32.38	33.70	34.16
亚洲	26.19	27.58	29.56	31.47	32.83	34.14	33.78	34.09	35.72	36.21
欧洲	34.95	34.91	32.41	30.09	29.94	28.06	28.43	28.19	25.57	24.74
非洲	2.57	2.78	2.73	2.95	2.95	3.13	3.14	3.18	3.06	2.93
大洋洲	1.99	1.93	1.93	2.24	2.39	2.41	2.30	2.16	1.95	1.96

资料来源：UNCTAD Statistics Handbook 2017。

亚洲的经济总量增长引人瞩目，成为全球经济总量增长最快的地区。从 2007 年的 15.19 万亿美元水平，到 2010 年突破 20 万亿美元水平，截至 2016 年年底，亚洲地区的经济总量达到 27.65 万亿美元；与此同时，亚洲在全球经济总量中的比重不断上升，从 2007 年年底的 26.19%，上升至 2016 年年底的 36.21%，并分别于 2010 年和 2011 年超过欧洲和美洲，成为全球经济总量最大的地区。

美洲的经济总量数年来始终保持较快增长，其占全球经济总量的比重基本稳定。2007 年美洲经济总量为 19.89 万亿美元，至 2014 年超过 25 万亿美元，至 2016 年年底达到 26.01 万亿美元。2007—2016 年间，美洲经济总量在全球的比例基本稳定在 32%—35%，成为全球经济的“压舱石”。

欧洲经济总量及其在全球经济中的比重近年来始终“双降”。自2008年国际金融危机后，欧洲经济振兴乏力，其经济总量自2008年达到22.28万亿美元之后，始终在20万亿美元左右徘徊，至2014年最高点也仅为22.16万亿美元，2015、2016两年又降至19万亿美元左右。欧洲经济总量占全球的比例则始终在下降，从2007年的34.95%（全球最大份额）至2010年被亚洲超越，2016年欧洲经济总量占全球比例仅为24.74%，比2007年下降约10个百分点。

二　非洲的经济总量和增长速度

（一）非洲经济总量

非洲虽然有54个国家和地区，相对于亚洲、美洲和欧洲而言，非洲的经济总量规模非常小，2016年仅为亚洲的8.09%、美洲的8.58%和欧洲的11.85%；同时非洲也是全球人口大洲，人均经济总量全球最低。因此，某种程度而言，非洲仍然可以被称为“贫瘠的大陆”。

然而，在美洲、欧洲在全球经济总量占比逐渐下降的同时，非洲在全球经济总量中的占比却有小幅上升。2007年，非洲经济总量仅占全球经济总量的2.57%，在此后的10年中，该比例最高达到3.18%

（2014 年），至 2016 年年底，该比例为 2.93%。虽然与 2006 年相比，非洲占全球经济总量的比例仅上升了约 0.5 个百分点，但其绝对值已然从 1.49 万亿美元水平上升至 2.24 万亿美元，基本实现“翻一番”，体现出非洲具备一定的经济发展动能。

从非洲内部来看，截至 2016 年年底，非洲排名前 10 位的主要经济体包括尼日利亚、南非、埃及、阿尔及利亚、安哥拉、摩洛哥、肯尼亚、埃塞俄比亚、坦桑尼亚和加纳，其占比分别为 19.14%、13.04%、12.69%、7.42%、5.25%、4.62%、3.09%、2.98%、2.15%、1.92%。这 10 个国家的经济总量之和占非洲经济总量的比例达到 72.3%，这说明非洲主要经济体在非洲的经济规模中占据绝对份额，而其他众多经济体的规模则非常小。与 10 年前相比，非洲主要经济体的经济总量排序发生了局部变化，也反映出非洲经济发展的一些特点。

第一，非洲第一大经济体地位已经易手。尼日利亚经济总量上升为非洲第 1 位，其占非洲经济总量比例由 2007 年的 17.93% 上升为 2016 年的 19.14%，其占比最高在 2012 年曾达到 22.72%。南非从非洲第一大经济体下降为第二大经济体，其占非洲经济总量的比例由 2007 年的 20.06% 下降为 13.04%。长期以来，南非作为非洲第一大经济体，具有很强的地区影响力，但近年来因党派纷争、政局不稳等原因，经济发展始终提振乏力；尼日利亚依靠其石油资源，也重视发展制造业等多元经济门类，取得了良好的发展成绩。

第二，北非国家经济总量在非洲所占比例有所下降。2007 年，阿尔及利亚、埃及分别为非洲第三、第四大经济体，其经济总量占全非洲的比例为 9.04% 和 8.85%；从 2008 年开始，埃及超过阿尔及利亚成为非洲第三大经济体，并且两国经济总量差距越来越大；2016 年，埃及、阿尔及利亚经济总量占非洲比例分别为 12.69% 和 7.42%。摩洛哥和突尼斯的经济总量占比均有下降，2007 年摩洛哥、突尼斯占全非洲经济总量的比例分别为 5.29% 和 2.61%，至 2016 年则降至 4.62% 和 1.78%；摩洛哥被安哥拉超越，成为非洲第六大经济体，而突尼斯则被加纳超越，在非洲经济总量排名第 11 位。

第三，肯尼亚、埃塞俄比亚和坦桑尼亚等东部非洲国家稳步发展。2007 年肯、埃、坦三国占非洲经济总量的比例分别为 2.14%、1.27% 和 1.48%，至 2016 年该比例上升为 3.09%、2.98% 和 2.15%。事实上，肯、埃、坦三国的发展所代表的是非洲非资源型国家的崛起模式，即通过基础设施建设、发展制造业等实现经济增长，这种类型的国家还包括乌干达、卢旺达等。

（二）非洲经济增速

进入21世纪以来，撒哈拉以南非洲国家（以下简称“撒南非洲”）经历了近10年的经济高速增长阶段。根据联合国贸发会议（UNCTAD）的统计，尽管经历了2008年国际金融危机的冲击，非洲经济增长率在2000—2005年和2006—2010年分别保持在5.56%和5.04%。即便是金融危机之后的2010—2013年间，撒南非洲仍然能够保持较高的增长速度。然而自2014年以来，撒南非洲经济增速开始逐步下滑。据世界银行（WORLD BANK）2017年最新发布的《世界经济展望》报告指出，2014—2016年，撒南非洲经济增长率分别为4.7%、3.1%和1.5%。同时，世界银行也预测2017—2019年撒南非洲经济增长率有望达到2.9%、3.6%和3.7%，2016年或成为“探底”之年。

在非洲国家中，既有保持高经济增长速度的国家，也有长期徘徊在较低经济增速的国家。

2005—2010年，全球年平均经济增长率在7%以上国家共有30个，其中非洲国家11个，这些国家分别为埃塞俄比亚、马里、津巴布韦、赞比亚、卢旺达、安哥拉、乌干达、乍得、马拉维、赤道几内亚和莫桑比克；年平均经济增长率5%—7%的国家共36个，其中非洲国家7个，分别为加纳、坦桑尼亚、吉布提、刚果（金）、塞拉利昂、布基纳法索和莱索托。

2011—2016年，全球年平均经济增长率在7%以上的国家共13个，其中非洲国家5个，分别为乍得、埃塞俄比亚、科特迪瓦、马里、刚果（金）；年平均经济增长率5%—7%的国家共30个，其中非洲国家12个，分别为坦桑尼亚、莫桑比克、卢旺达、尼日尔、吉布提、贝宁、多哥、喀麦隆、肯尼亚、加纳、塞舌尔和纳米比亚。

从以上数据不难看出，在全球经济增长速度领跑国家中，“非洲军团”占据着非常重要的位置。尤其是2008年国际金融危机对世界经济增长造成不利影响后，非洲多年保持经济中高速增长的国家数量反而增多了，其中埃塞俄比亚、坦桑尼亚等非资源型国家经济增速常年保持较高水平，其经济增长与发展已经形成一定模式。本报告将在此后的章节中，对非洲保持经济较高增速的国家及其发展模式进行探究，以期进一步对非洲的可持续发展及其长期挑战进行分析和探索。

非洲国家大部分经济增长速度常年保持在3%—5%的中速增长区间。2005—2010年，全球处于该增长区间的52个国家中，非洲国家有17个；2011—2016年间，全球处于该增长区间的52个国家中，非洲国家有18个。同时，在年均经济增速0—3%的低速区间，2005—2010年全球60个国家中非洲国家占8个，2011—2016年全球80个国家中非洲国家占11个。需要指出的是，除了个别国家外，几乎没有非洲国家的经济出现负增长。

在过去的十年中，非洲国家在全球经济中高速增长经济体榜单中频频出现，伴随这种现象也出现了两种截然不同的声音：一方面认为非洲大陆充满希望，并将成为全球经济新的增长点；而另一方面，非洲在持续多年的高速增长下，并未出现大量新兴经济体，贫困和落后依然制约着非洲的发展。这两种看待非洲发展的观点，其实都反映了非洲经济的一些特点。

第一，非洲国家经济发展有很大潜力。连续十余年的时间中，在非洲不断出现经济增长的亮点国家，这无疑说明非洲具有高速经济增长的潜力，能够在内外部条件合适的时候爆发经济高增速。

第二，非洲国家缺乏持续高速增长的基础。从前文数据不难看出，2005—2010年间与2011—2016年间非洲实现高速增长的国家基本完全不同，这也意味着非洲经济“热点”并不固定。

第三，非洲缺乏将增长转换为发展的能力。“增长”与“发展”之间既有联系又有区别，而非洲国家所面临的困难在于，虽然实现了较高的增长速度，但这种增长往往由特殊因素驱动（例如大宗商品价格上涨、大规模战后或灾后恢复重建等），从而更多体现为增长数字而非可持续发展能力。

第二节　非洲经济增长动能之变

在21世纪以来撒南非洲经济的高速增长阶段，能矿产品出口成为许多国家外汇收入的主要来源，并由此带动了跨国直接投资的激增，引领了该地区经济的强劲增长。然而受2013年美国逐步退出美元量化宽松政策、欧洲经济持续低迷以及全球大宗物资需求下降等因素影响，推动地区经济增长的主要国际性因素已经“由正转负”。各国正在努力适应国际贸易下降、外国投资减少以及大宗产品需求和价格低迷的全球经济现状和趋势，撒南非洲的经济增长引擎正在“由外转内”，即由国际因素转为地区或国家内需为主导。因此，从历史上看，2016—2017年或将成为撒南非洲经济动能转变的“分水岭”。

一 能矿产品出口对经济发展作用下降

2016年，除喀麦隆、刚果（布）等个别国家经济保持增长态势外，撒南非洲以能矿产品为主要出口商品的国家经济增长均显乏力。非洲主要经济体南非的经济增长率仅为0.4%。石油出口国（包括尼日利亚、安哥拉、赤道几内亚、加蓬、乍得）经济增长率从2015年的2.9%降至-0.2%，其中尼日利亚和安哥拉的经济增长率仅为1.7%和0.4%。在矿产品出口国中，刚果（金）和莫桑比克的经济增长率仅为2.7%和3.6%，矿产品价格和需求走低也严重影响了几内亚、利比里亚和塞拉利昂从埃博拉疫情中实现恢复性增长。

能矿产品出口低迷影响了各国经常性项目平衡。南非经常性项目赤字增加，达到GDP的3.5%；莫桑比克、纳米比亚、尼日尔、赞比亚等国经常性项目赤字保持高位并有持续扩大趋势。安哥拉、乍得、赤道几内亚和尼日利亚等国则是依靠缩减进口来改善经常性项目赤字。能矿产品出口放缓引发的经济增速下降也导致有关国家失业率上升、国内消费下降，其中南非和尼日利亚的失业率分别由2015年的25%和

10.4% 上升至 2016 年的 27% 和 13.9%。

由于出口创汇能力下降，撒南非洲能矿国家对外资的吸引力显著降低。较为典型的表现就是安哥拉、尼日利亚等国的主权债券发行遇到障碍，2016 年仅有南非和加纳成功发行主权债券，基于能矿产品的跨境贸易融资也显著下降。由于能矿业是撒南非洲吸引外资的主要部门，在投资吸引力下降后，2015 年撒南非洲外国直接投资增幅由 2010 年的 8% 下降至不足 0.3%。

经常性项目上升和外资流入减少，增加了南非、安哥拉、尼日利亚等撒南非洲主要经济体的货币贬值压力。其中，尼日利亚在 2016 年 6 月宣布放弃钉住美元政策后本币贬值幅度达 40%，莫桑比克本币对美元贬值幅度则高达 50% 以上。为维持汇率，很多国家外汇储备大幅下降，安哥拉和尼日利亚 2016 年外汇储备比 2015 年下降超过 17%，莫桑比克、纳米比亚等国外储降幅则超过 30%。由于货币贬值，再加上干旱等因素影响，很多非洲能矿产品国家出现了大幅度通货膨胀。其中安哥拉 2016 年通胀率高达 41%，加纳、莫桑比克、尼日利亚等国通胀率也超过 15%。

综上可以看出，撒南非洲以出口能矿产品为主的国家普遍面临经济增长乏力、贸易和投资下降、财政短缺、外汇贬值、国内投资和消费不振的局面，很难再对地区经济发展起到强劲的拉动作用。

二　新的增长动能对经济发展作用初显

撒南非洲 2016 年的经济发展体现出一些新的经济增长动能。一方面，部分农产品出口国保持较高经济增速。例如科特迪瓦、塞内加尔、埃塞俄比亚等均保持了 6% 以上的经济增速，能矿产品保持低位大幅降低了其经济发展成本，其国内基础设施和个人消费均具有较强活力；另一方面，一些基本商品依赖进口但居于贸易枢纽位置的国家，例如毛里求斯和佛得角等，也都表现出较强的经济增长能力，在旅游、吸引外资及国内消费等方面表现较好。

由于进口成本降低，大部分农产品出口国的经常性项目赤字能够保持稳定，同时贸易额有所上升，并继续吸引外资流入，进而保持汇率稳定和较低的通胀率。例如肯尼亚、毛里求斯、乌干达等国以及中部、西部非洲经济和货币联盟的部分国家，都实现了对国内的利率、本币汇率以及通胀率的有效控制。埃塞俄比亚等国为促进经济增长，还采取提高政府债务、扩大财政赤字等方式增加国内投资，以期利用能矿产品价格较低的时机加快农业和工业化进程。世界银行《世界经济展望》对 2017 年撒南非洲经济发展预测也指出，非资源密集型产品出口国的增长速度高于能矿产品出口国。科特迪瓦、埃塞俄比亚、肯尼亚、卢旺达、塞内加尔、坦桑尼亚等国实施的大型基础设施建设项目将促进经济增长。

此外，能矿产品国家为应对大宗商品价格和需求下行所采取的应对措施也会促进经济增长。尼日利亚汇率改革和减少能源补贴的政策有利于中长期本币稳定，并在油价逐渐稳定的情况下增加国内收入，促进政府公共支出上升和经济增长，其鼓励私营部门发展的政策也将逐渐发挥作用。加纳采取的紧缩财政政策有利于减少财政开支，稳定经济以及恢复投资者信心。在矿产品价格上涨情况下，埃博拉疫情后的恢复重建将促进几内亚、利比里亚和塞拉利昂经济发展。莫桑比克促进天然气开发的有关政策也将有利于吸引投资进入。

因此也可以说，撒南非洲经济增长动能由能矿产品国家转向农产品国家，由国际因素转向国内因素。

三　撒南非洲经济发展面临的主要挑战

从发达工业国经济发展的历史长河看，通常会典型地或非典型地依次经历马尔萨斯贫困陷阱、格尔茨内卷化、刘易斯二元经济发展、刘易斯转折点和索洛新古典增长五个阶段或类型。而对于多数撒南非洲国家而言，目前普遍还滞留在马尔萨斯贫困陷阱阶段，即主要矛盾为快速增长的人口同落后的农业生产之间的矛盾，具体表现为大量贫困人口的存在以及粮食危机不断出现。

在21世纪前十余年中，部分非洲国家在国际能矿产品价格高企和需求旺盛的条件下实现了经济的高速增长，但并未成功地启动现代工业化进程，未能实现劳动力从农业部门向工业部门的大规模转化。因此当能矿产品出口创汇能力降低时，曾经成为经济发展引擎的能矿产品国家便难以实现可持续和均衡发展。而仅靠农产品出口是难以实现工业化发展的资金、技术、管理等要素积累的。

提高农业生产率成为撒南非洲发展的关键因素。实现农业现代化不仅是撒南非洲进一步参与国际市场的关键，也能为工业化提供必要的资金和人力资源。尽管近年来非洲农业产出不断增长，但更多是因为耕种面积的扩张而非农业技术的提升。除了增加农业科研投入、加强流通环境建设、强化电力和物流基础设施等措施外，撒南非洲还需要积极引入农商业跨国投资，以更好地对接全球价值链。近年来埃塞俄比亚、肯尼亚等国均从中获益。

基础设施是非洲实现工业化和现代化的重大瓶颈。与其他发展中国家相比，撒南非洲基础设施的建设和运营管理成本都相对较高，这主要是由撒南非洲很多国家城市化率低、人口居住分散、工商业中心缺乏统一规划等因素造成的。在当前形势下，撒南非洲很多国家财政收入有限，必然会影响其基础设施建设投资，未来一段时间基建项目会下降，进而影响其工业化和城市化进程。

增加吸引外国直接投资（FDI）也是撒南非洲面临的重大挑战。近年来，非洲外国直接投资持续下降，2015 年，非洲的 FDI 流入量下降 7% 至 540 亿美元，2016 年，流入非洲的 FDI 下降了 5%，为 510 亿美元。尤其对于撒南非洲产油国而言，外国投资下降趋势更为明显，外资占 GDP 的比例由 2004—2008 年的 2.5% 下降至 2010—2015 年的 0.4%。虽然 2010—2015 年撒南非洲石油进口国外国直接投资有所增加（约占 GDP 的 3%），但毕竟能矿产品国家是吸引外资的主力，这为撒南非洲吸引外资带来新的挑战。

第三节 关于中非合作的若干建议

随着撒南非洲增长动能的转化，中非合作也必将出现新的特征，中国企业需要把握发展大势，做出相应调整，才能够取得良好的合作效果。

一是转变基础设施合作模式。在21世纪前10年间，由于撒南非洲能矿产品国家经济强劲增长和财政收入增加，中国企业发挥能力优势，在非洲交通、电力、水利、房建、市政等基础设施建设领域开展大量合作，其中合作重点多集中在能矿产品国家，“安哥拉模式”和“苏丹模式”就是典型代表。由于能矿产品价格和需求下降，“基建—金融—能矿”的合作模式适用范围越来越窄，在能矿产品国家能够承揽的大型项目数量也不会如此前那么多。

与此同时，撒南非洲农产品国家及石油进口国的基建项目数量会呈现上升态势。但在这些国家，基础设施应支持两个重点：一是促进农产品流通和区域交易中心的形成；二是以产业发展为导向，与沿线农产品加工业和制造业发展联动互通。这客观上要求加强规划，重视基建项目的经济收益和可持续发展。

二是加强农业和制造业投资。“助力非洲实现农业和工业现代化”是中非“十大合作计划”的核心内容。在农业方面，撒南非洲国家为实现粮食安全以及增加出口，将增加对农业技术、农产品加工以及相关国际贸易项目的投资和政策支持。中国企业可在现有农业技术、农机设备等合作项目基础上，推进互联网、无人机、大数据以及先进农产品加工业的对非投资合作，在助力非洲外向型农业转型升级方面获得新的商机。

在制造业方面，应当说以东部非洲埃塞俄比亚、肯尼亚、坦桑尼亚、卢旺达等国为代表的能矿产品进口国家已经逐渐开始工业化进程。应充分发挥中国先进制造业优势，提升合作产业的档次，加大对智能制造、新技术、新材料等产业的引导力度，将其产业转型升级纳入中国制造业整体转型升级和全球产业链重构的框架中，在下一轮的大国竞争中占据主动。

三是重视现代化贸易枢纽建设。在非洲“贸促指数”最高的10个国家中，东部和南部非洲集中了其中8个。建议与东部非洲肯尼亚、乌干达、卢旺达等国开展促进区域贸易水平提升的投资合作，注重通过产能合作提升当地制造业水平等，共同拓展欧美市场。加强与南非及周边博茨瓦纳、纳米比亚、莱索托等国的经贸合作，积极参与区域经济一体化建设，并形成辐射全球的贸易能力。加强与毛里求斯的战略对接，建设连接东南非、中东及亚洲的印度洋贸易枢纽。

同时，在加强中非经贸合作过程中应“借力而行”，加速三方贸易通道建设。应出台专项政策，鼓励有关企业开展转口贸易，增加对欧美出口；鼓励有关企业对非洲贸易环境较好国家中的优势贸易企业开展收并购，快速构建贸易渠道和平台。加快中非间与贸易相关的服务业市场开放合作，以服务贸易为重点加快自贸区网络建设。将自贸区规划与产能合作有机结合，为提升贸易能力提供保障。

四是加强“一带一路”与中非合作的对接。自“一带一路”倡议提出后，中巴经济走廊建设快速推进。同时，在中国的支持下，埃塞—吉布提和乌干达—肯尼亚经济走廊逐渐成形。加强三大经济走廊的互联互通逐渐成为实现“一带一路”目标、拓展中巴经济走廊发展空间的必要举措。可重点在以下方面开展对接合作：

加强三大经济走廊向发达国家和中东国家的出口，增加三大经济走廊之间的国际贸易，优化中国与各经济走廊的贸易结构。引导产业对接和产能合作，促进跨国投资。利用好“非洲—欧美”和“巴基斯坦—海湾国家”两大贸易通道，促进国际产融结合；加快工业园区建设，形成技术产业梯次布局，加强金融支持，积极吸引发达国家投资。继续推进重大项目落地实施。包括瓜达尔港及港陆联运通道，亚吉铁路沿线工业园区，蒙巴萨港、拉穆港及蒙内铁路沿线产业带，以及各国电力基础设施建设项目等。

第二章　非洲的全球贸易

第一节　近年来全球贸易的阶段性变化

纵观2000—2015年的全球贸易，2009年可以说是一个“分水岭”。如果把近15年以来的全球商品贸易总量和贸易依存度数据放在一张图表上（如图2－1所示），就可以清晰地看出全球贸易在2009年前后的不同阶段性特征。

在2009年之前，全球贸易总额快速增长，并对全球经济增长起到了十分重要的促进作用。从图2－1可以看出，全球贸易总额从2000年的12.98万亿美元上升至2008年的32.58万亿美元；除2001年略有下降外，其余年份均保持高速增长态势。

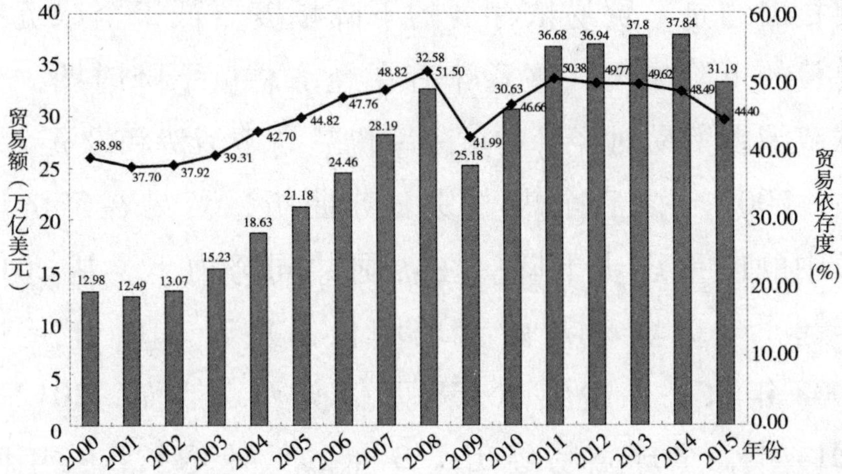

图 2－1　2000—2015 年全球贸易总额及贸易依存度

资料来源：根据联合国贸发会议（UNCTAD），Handbook of Statistics 2016 数据整理。

与此同时，在经过 2001—2003 年的调整期后，从 2004 年起全球贸易依存度开始逐渐上升。2003—2008 年，全球贸易在 GDP 中的比重由 39.31% 上升至 51.5%。这意味着在全球经济增长中，有一半多是由贸易活动实现的，全球贸易促进了世界经济的增长。

2008 年金融危机对全球贸易造成很大影响，但国际贸易在延缓经济下滑趋势方面起到作用。2009 年，全球贸易总额由 2008 年的 32.58 万亿美元下降至 25.18 万亿美元，降幅高达 23%。同时，全球贸易依存度也由 2008 年的 51.5% 下降至 41.99%，降幅为 19%。需要指出的是，贸易依存度的下降幅度要低于全球贸易总量的下降幅度，这意味着在经济总量下降时期，全球范围内贸易对经济的贡献率仍然高于消费和投资。

2009 年之后全球贸易复苏曲折，贸易在经济增长中的比重逐步下降。在各国共同努力下，从 2010 年起，全球贸易开始重现增长，并于 2011 年超过 2008 年水平，达到 36.68 万亿美元。然而，2012—2014 年，全球贸易经历了 3 年的低速增长，三年间贸易总额分别为 36.94 万亿美元、37.8 万亿美元和 37.84 万亿美元。2015 年全球贸易总额下降至 33.19 万亿美元。与此同时，全球贸易依存度虽然在 2010 年和 2011 年有所上升，但从 2012 年起则进入下降通道。2010—2015 年，全球贸易依存度最高为 2011 年的 50.38%，低于 2008 年水平，此后逐渐下降，至 2015 年降至 44.4%，甚至已经低于 2005 年水平。这说明贸易对全球经济增长的贡献逐渐减少。

第二节　非洲全球贸易的阶段性特征

1995—2002 年非洲进口总额基本保持平稳，从 1995 年的 1195.8 亿美元上升至 2002 年的 1408.4 亿美元。2003—2008 年非洲进口贸易出现大幅增长，从 2003 年的 1653. 4 亿美元逐年上升至 2008 年的 4766. 4 亿美元。2009 年受国际金融危机影响，非洲进口额下降至 4100. 2 亿美元；2009—2014 年非洲进口贸易持续增长，但自 2012 年起增长幅度已显著放缓；2014 年非洲进口总额达到 6385. 1 亿美元。

1995—2002 年间非洲出口贸易基本保持稳定，从 1995 年的 1157. 2 亿美元上升至 2002 年的 1604. 9 亿美元。2003—2008 年间，非洲出口总额大幅度上升，从 2003 年的 1986. 8 亿美元上升至 2008 年的 6106. 2 亿美元，为非洲经济发展提供强劲动力。受国际金融危机影响，2009 年非洲出口大幅回落，降至 4194. 8 亿美元；2012 年有所反弹，达到 6876. 3 亿美元水平。2012 年起，非洲出口开始下降，至 2014 年已下降至 6293. 2 亿美元，与 2008 年水平基本持平。

在 20 世纪 90 年代，多数非洲国家正按照国际货币基金组织、世界银行的“经济结构调整方案”进行改革，国民经济发展受到较大影响。1995—2002 年，非洲全球进出口总额缓慢上升，其中进口由 1195. 8 亿美元上升至 1408. 4 亿美元，出口由 1157. 2 亿美元上升至 1604. 9 亿美元；在此期间，除了 1995 年和 1998 年之外，非洲全球贸易均保持顺差，顺差值最高为 2000 年的 362 亿美元。

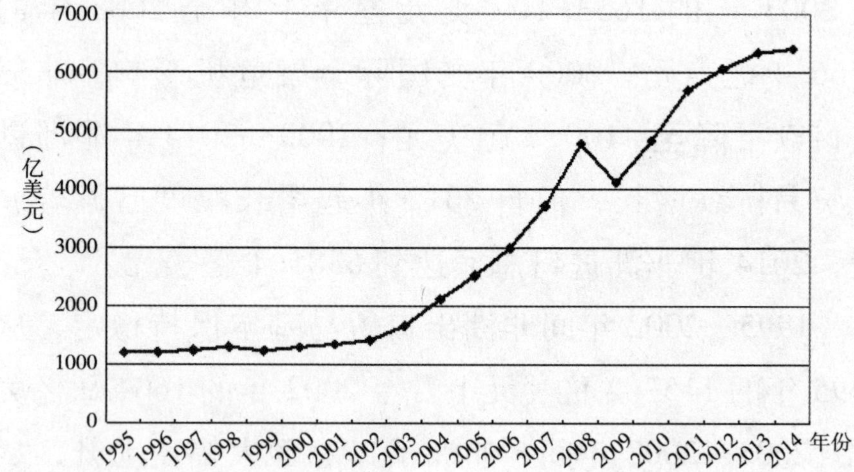

图 2－2　1995—2014 年非洲从全球进口长期态势

资料来源：根据联合国贸发会议统计手册编制。

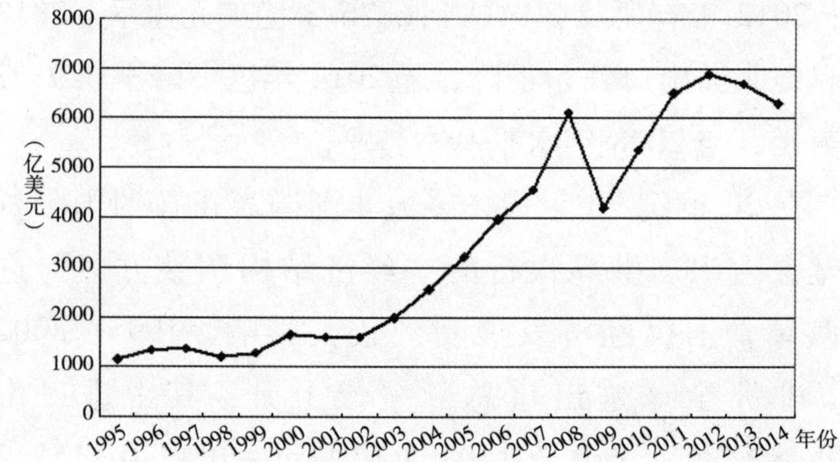

图 2－3　1995—2014 年非洲向全球出口长期态势

资料来源：根据联合国贸发会议统计手册编制。

在此阶段，非洲与发达经济体之间的贸易占主导地位，中非贸易对在非洲全球贸易格局中的影响并不大。其一，从进出口额占比看，1995—2002 年，非洲从发达经济体进口额占其全球进口总额中的平均比例为 64.07%，出口额占其全球出口总额的平均比例为 69.75%；从中国进口额占其全球进口总额的平均比例仅为 3.30%，向中国出口额占其全球出口总额的平均比例仅为 2.12%。其二，从非洲主要进口商品看，在此期间非洲从中国进口商品占其从全球进口同类商品比例较高的为杂项制品（占比 9.45%）和制成品（占比 5.98%），而非洲从发达经济体进口同类产品的比例则高达 59.13% 和 56.76%。其三，从非洲主要出口商品看，在此期间其出口大宗商品中，原材料和矿物燃料出口中国的比例分别为 7.09% 和 2.57%，而非洲向发达经济体出口同类产品的比例则分别为 61.15% 和 74.62%。

进入 21 世纪后至 2008 年国际金融危机之前，非洲多数国家迎来了发展机遇期。此间数年，非洲大陆政局的总体稳定为经济发展提供了良好环境；在结束了“经济结构调整方案”后，很多非洲国家根据自身国情制定发展规划，经济发展取得较好成绩，也相应带来非洲国际贸易快速增长。2003—

2008 年，非洲进口总额由 1653.4 亿美元上升至 4766.4 亿美元，出口总额由 1986.8 亿美元上升至 6106.2 亿美元。在此期间，非洲国家全部保持贸易顺差，且顺差额由 2003 年的 333.4 亿美元上升至 2008 年的 1339.8 亿美元。

在此期间，非洲与发达经济体之间的贸易比重有所下降，中非贸易比重逐步提高。其一，从贸易额占比看，2003—2008 年，非洲从发达经济体进口占全非进口总额的平均占比较上一阶段降低 10.37%，非洲自中国进口额平均占比则上升了 4.99%；非洲向发达经济体出口占全非出口总额的平均占比较上一阶段降低 2.66%，向中国出口的平均占比则上升 6.17%。至 2008 年，非洲从中国进口额占其进口总额的比例已达到 10.72%，向中国出口占其出口总额的比例则为 9.17%。其二，从非洲主要进口商品看，在此期间从中国进口杂项制品和制成品占其同类产品进口额的比例已分别上升至 24.74% 和 16.58%，而非洲从发达经济体进口同类产品的比例则下降至 49.72% 和 44.82%。其三，从非洲主要出口产品看，在此期间其出口大宗商品中，原材料和矿物燃料出口中国的比例已分别上升至 18.57% 和 9.20%，而非洲向发达经济体出口同类产品的比例则分别为 50.93%

和71.08%，下降幅度分别为10.22%和3.54%。

受2008年国际金融危机以及西亚北非政局动荡等不利因素影响，此阶段非洲经济发展面临一系列挑战；2008—2014年，非洲经济增速由2005—2008年的5.83%下降为3.48%。经济增速下降也对其国际贸易造成一定影响：从进口方面看，2009年非洲进口总额由2008年的4766.4亿美元下降至4100.2亿美元，之后逐步增长，但增速递减趋势明显，至2014年达到6385.1亿美元。从出口方面看，2009年非洲出口总额由2008年的6106.2亿美元下降至4194.8亿美元，之后先升后降，至2012年达到阶段最高值6876.3亿美元后，2013年、2014年则连续下降，2014年降至6293.2亿美元。同年，非洲全球贸易出现自1998年以来的首次“逆差”，逆差额为91.9亿美元。

在此期间，中非贸易发生了较大的结构性变化，主要体现在以下方面。其一，中国在非洲全球进出口中所占比例已大幅增长。与1995年相比，2014年非洲从中国进口占其进口总额比例由2.06%上升至16.58%，出口占其出口总额比例由1.23%上升至18.38%。如果仅以单个经济体做比较，2014年非洲对中国的进出口占比均已远超其他国家，中非贸易已成为非洲全球贸易格局中最为重要的环节。其二，非洲主要进出口商品的“中国份额”十分“抢眼”。在非洲从中国进口方面，杂项制品占比已从第一阶段的24.74%上升到本阶段的40.07%，超过发达经济体占比；在非洲向中国出口方面，原材料占比已从第一阶段的7.09%上升到本阶段的35.65%，也超过发达经济体占比。其三，非洲对中国的出口成为其国际贸易强劲的积极因素。中国在国际金融危机中对非洲商品的需求明显强于其他发展中经济体。2009—2014年，非洲与除中国外的其他发展中经济体贸易出现大规模逆差，而同期非洲与中国除2009年出现43.1亿美元的逆差外，其余年份均为顺差。另一方面，2013年非洲对中国出口额增长率保持了3.72%的增长，至2014年才出现1.53%的下降（其金额下降主要由于国际油价下跌导致），远低于非洲对发达经济体10.48%和10.09%的出口降幅。

第三节　非洲的贸易强国

在世界经济论坛2016年11月21日发布的《2016年全球贸易促进报告》中，通过“贸易促进指数”（Enabling Trade Index，以下简称“贸促指数”），对全球136个经济体在市场准入、边境管理、交通与数字化基础设施、运输服务及商业运营环境等方面表现进行了评估，展示了世界各国贸易环境的总体情况。

在非洲国家中，贸促指数最高的10个国家（及其全球排名）分别为毛里求斯（第39位）、摩洛哥（第49位）、卢旺达（第50位）、南非（第55位）、博茨瓦纳（第65位）、纳米比亚（第75位）、肯尼亚（第77位）、莱索托（第80位）、乌干达（第84位）、突尼斯（第91位）。本报告将通过对这些国家贸易情况的分析提出有关经贸合作建议。

一　“贸促指数”所反映的各国贸易便利性情况

世界经济论坛从2008年起，每两年发布1次全球“贸促指数”，旨在全面评估各国在国际贸易活动的机构、政策、基础设施和服务等方面的便利性情况，主要包括4个方面。

（一）进出口市场准入

“贸促指数”关于市场准入的评估包括针对进口的“国内市场准入指数”和针对出口的“外国市场准入指数”两大项。

上述国家中对进口限制较少的国家以毛里求斯为

代表，该国“国内市场准入指数”全球排名第4位。毛里求斯除对酒类和车辆征收较高关税外，其他商品进口税率基本为0或15%；同时，毛里求斯除对部分农产品和化工制品实施许可证管理外，其他商品均开放经营。其他“国内市场准入指数”排名靠前的国家包括博茨瓦纳（第38位）和纳米比亚（第45位）。“国内市场准入指数”排名最低的国家是肯尼亚（第98位）。

总体而言，非洲国家面临的出口限制普遍较低。其中最具代表性的是莱索托和乌干达，两国“外国市场准入指数”分别排名全球第2位和第3位。这两国都享有美国《非洲机遇与增长法案》、欧盟《临时经济伙伴关系协议》以及区域共同市场如南部非洲关税同盟、东非共同体、东南非共同市场等的贸易优惠，绝大多数商品可以免关税和配额进入上述市场。其他“外国市场准入指数”排名靠前的国家包括毛里求斯（第9位）、肯尼亚（第24位）、卢旺达（第25位）和摩洛哥（第30位）等。上述国家中“外国市场准入指数”排名最为靠后的是博茨瓦纳（第99位）和南非（第100位）。

（二）海关和边境管理

“贸促指数”对海关和边境管理的评估有13个子

项指标，涵盖内容包括各国海关及检验检疫等有关机构提供服务的范围和质量，以及通（清）关时间、成本及透明度、腐败情况等。

总体来说，非洲国家的边境管理排名较为落后。其中排名最靠前的是博茨瓦纳和摩洛哥，两国分别位于全球第 51 位和第 54 位。而排名最靠后的乌干达和突尼斯则排名全球第 101 位和 115 位。

值得一提的是，肯尼亚近年来在边境管理方面进步明显，其排名由 2014 年的全球第 100 位上升至第 76 位。主要表现是，肯尼亚政府近年来大幅度改进清关程序，将平均申报成本由 550 美元降至 115 美元；专门成立标准局负责提供进出口标准及检验检疫，成立出口促进委员会为出口商和出口产品提供便利。然而，肯边境管理中报关时间长和收费不规范的弊病仍然存在，影响其边境管理效果。

（三）贸易基础设施

“贸促指数”从交通、服务和信息通信三个方面评估一国贸易基础设施情况。在交通方面主要评估公路、铁路、航空和水运基础设施情况；在服务方面主要评估航运、物流和邮政企业数量、效率和成本；在信息通信方面主要评估移动通信和互联网的联通和使用情况。

从贸易基础设施评估的总体情况看，南非在非洲国家中独占头筹。其交通、服务和信息通信的全球排名分别为第 29 位、第 35 位和第 61 位。得益于对基础设施建设的重视和投入，南非拥有全非洲最为发达的公路、铁路和航空网络，其公路总里程达 75.5 万公里，铁路总里程 3.4 万公里，并与周边国家实现互联互通。南非海洋运输业具有全球竞争力，拥有非洲最大、设施最完备、效率最高的海运网络，年港口吞吐量 12 亿吨；德班、伊丽莎白、开普敦等港均为全球海运著名港口。南非还拥有较强的信息通信和邮政物流网络，其卫星直播和网络技术达到国际先进水平。

此外，摩洛哥在交通基础设施（排名第 33 位）、肯尼亚在服务基础设施（排名第 52 位）、毛里求斯在信息通信（排名第 60 位）方面都是非洲比较领先的国家。莱索托的基础设施总体而言非常滞后，其交通、服务和信息通信全球排名分别为第 129 位、第 125 位和第 116 位。

（四）运营环境管理

“贸促指数”对运营环境的评估包括政府治理、产权保护、合同执行、外资和劳动力政策以及安全环境等方面，比较全面地反映了进出口企业的运营环境。

在此方面值得一提的是卢旺达，虽然地处内陆，但其贸易运营环境全球排名第 17 位，这与卡加梅政府近年来的努力息息相关。自 2000 年执政后，卢旺达总统卡加梅采取种种措施实现社会稳定和经济发展，在国内拥有崇高威望。2015 年 12 月卢旺达宪法公投后，卡加梅总统有望连任至 2034 年。卡加梅的执政重点在于反腐和发展经济两大方面。在预防和惩治腐败方面，卢旺达将反腐工作作为国家战略加以高度重视，成立了由多部委组成的反腐联合委员会，加强立法和建章建制，并迅速查处一批重大案件；此外，卡加梅本人廉洁自律和率先垂范也极大地促进了反腐工作的实施。在世界银行《2015 年全球营商环境报告》中，卢旺达在全球 189 个国家中排名第 46 位，在非洲仅次于南非和毛里求斯；在该报告中，世界银行高度肯定了卢旺达政府在廉政方面的努力。

二　各国对外贸易的主要特点

根据国际贸易理论，一国的国际贸易的基础是其要素和资源禀赋，因此通过一国贸易特点，可分析出该国的产业经济特征，从而为经贸合作提供参考。从地域上看，非洲“贸促指数”排名前 10 的国家包括北非 2 国（摩洛哥、突尼斯）、东非 3 国（肯尼亚、乌干达、卢旺达）、南部非洲 5 国（南非、博茨瓦纳、纳米比亚、莱索托、毛里求斯）。其国际贸易主要有以下特点。

（一）北非 2 国外贸依存度高，主要面向欧洲市场，主要贸易品中工业品占一定比例

从贸易依存度看，根据联合国贸发会议（UNCTAD）统计，2015 年年末摩洛哥和突尼斯两国的外贸总额占 GDP 比重分别为 58.4% 和 81.9%，属于高度外向型经济，国际贸易对其经济发展影响很大。

欧洲对摩、突两国的贸易带动和经济发展意义重大。从主要贸易对象看，摩洛哥与欧盟国家之间有联系国协议、巴塞罗那进程、欧洲地中海合作计划等多双边优惠贸易安排，2015 年西、法、德、意四国占摩洛哥出口总额的 49%、进口总额的 40%；突尼斯与欧盟签有联系国协议，并与欧盟建立自贸区，2015 年欧盟占突尼斯出口总额的 75%、进口总额的 53%。

从主要贸易品看，摩洛哥主要进口矿物燃料、机电产品、机械和运输设备，出口机电产品、运输设备、服装及化工产品；突尼斯主要出口服装、机械和电子产品、碳氢燃料和石油、磷酸盐及其制品等，主要进口碳氢燃料和石油、机械设备、电子设备、汽车和棉花。

（二）东非3国贸易依存度较高，非洲和欧洲是主要出口市场，印度和中国是主要进口来源地

肯尼亚、乌干达和卢旺达三国2015年年末外贸总额占GDP比重分别为34.7%、29.4%和29.7%，属于贸易依存度较高的国家。肯尼亚东临印度洋，历史上即为东非贸易枢纽，近年来其国际贸易不断发展，也促进了港口物流等行业的进步，成为周边邻国的区域贸易中心。乌、卢两国虽地处内陆，但“非洲十字路口”的特殊位置也让两国成为东、中、西部非洲枢纽。

东非三国因转口贸易向非洲其他国家出口量较大。2015年肯、乌、卢三国向非洲其他国家出口额占其出口总额的比例分别为41.8%、51.9%和41.2%；其中肯尼亚在非洲的主要出口市场为乌干达、坦桑尼亚、刚果（金）、埃及和卢旺达，乌干达在非洲主要向肯尼亚、卢旺达、刚果（金）和南苏丹出口；卢旺达在非洲主要向刚果（金）、布隆迪出口。

由于与欧盟国家间有优惠贸易安排，东非三国部分产品销往欧洲。2015年肯、乌、卢三国向欧洲国家出口额占其出口总额的比例分别为23.5%、23.8%和16.2%。肯尼亚主要向荷兰和英国出口，

卢旺达主要向瑞士和比利时出口。

中国和印度是东非三国较主要的进口来源国。2015年，中、印两国在肯尼亚的进口总额中所占比例分别为20.3%和16%，在乌干达进口总额中所占比例均为12.9%，在卢旺达进口总额中所占比例均为8.5%。

肯尼亚主要出口茶叶、园艺产品、咖啡和烟草，进口石油制品、工业机械和车辆；乌干达主要出口农产品，进口机械设备、纺织品及化工产品；卢旺达主要出口农产品、矿产品，进口水泥、建材、机械设备、钢铁等。

（三）南非及其周边邻国组成了非洲国际贸易环境最好的地区，毛里求斯具有得天独厚的贸易优势

南部非洲不仅是非洲“贸促指数”较高国家最多的地区，同时其贸易对象覆盖欧洲、美国、中东及其他亚洲国家，比非洲其他地区贸易环境更好。这主要得益于以下原因。

其一，南非是非洲贸易大国，其国际贸易额在非洲排名第一，占全非贸易总额的20%以上。同时，南非及其周边邻国博茨瓦纳、纳米比亚、莱索托的区域经济一体化水平比较高。在南非的带动下，相互之间保持较高的贸易额，同时也向其他非洲国家大量出口。

其二，南非、博茨瓦纳和纳米比亚矿产资源丰富，经济发展水平较高，基础设施相对完善；且国际化水平较高，与欧美、亚洲国家长期贸易往来，因此不仅能够将自身优势产品出口多国，也实现了进口来源多元化。莱索托则得益于欧美发达国家给予的大量贸易优惠安排和周边贸易环境。

其三，毛里求斯位于繁忙的印度洋航线上，与东部和南部非洲、中东及南亚之间交通便利，历史上毛里求斯与英、法及印度关系密切，因此能够与多个地区保持较高水平的贸易往来。毛里求斯政局稳定，其政府奉行开放的市场经济体系和自由贸易政策，并且利用欧美发达国家的优惠贸易安排，鼓励纺织业、食品加工业等产业发展，从而很好地利用国际贸易促进了自身的经济发展。

第四节　中非贸易合作建议

中非贸易正处于转型升级的关键时期，同时中非之间也在加速推进产业对接和产能合作。这意味着应当综合统筹三大目标：一是中非贸易总量稳中有增；二是中非贸易结构进一步平衡；三是中非之间共同提升国际贸易水平。在与非洲国家广泛开展经贸合作的同时，尤其应重视“贸促指数”较高的非洲国家，将其作为下一步工作的着眼点，提升合作水平。因此对政府和企业层面提出如下建议。

一是加强顶层设计和系统规划。加强中摩、中突合作，鼓励有关企业通过融入当地产业链共同提升开拓欧洲市场能力。与东部非洲肯尼亚、乌干达、卢旺达等国开展促进区域贸易水平提升的投资合作，注重通过产能合作提升当地制造业水平等，共同拓展欧美市场。加强与南非及周边博茨瓦纳、纳米比亚、莱索托等国的经贸合作，积极参与区域经济一体化建设，并形成辐射全球的贸易能力。加强与毛里求斯的贸易对接，建设连接东南非、中东及亚洲的印度洋贸易枢纽。

二是打通中国—非洲—欧美贸易通道。在“逆全球化”背景下，中国在欧美国家面临越来越多的贸易障碍。而“贸促指数”较高的非洲国家均已建立与欧美之间的成熟贸易通道，在加强中非经贸合作过程中应“借力而行”，加速三方贸易通道建设。应出台专项政策，鼓励有关企业开展转口贸易，增加对欧美出口；鼓励有关企业对非洲贸易环境较好国家的优势贸易企业开展收并购，快速构建贸易渠道和平台。

三是建立多种形式的中非自贸区网络。对于摩洛哥、突尼斯、南非等与欧美及其他地区市场关系较为紧密的国家，应鼓励开展海关、税收、检验检疫等方面的合作，建立专门的保税区、自贸区等，争取更多贸易优惠安排。对交通、服务及信息通信基础设施相对落后的国家如肯尼亚、乌干达等，建议以自贸区规划为指引，共同加强基础设施建设，提升互联互通水平。加快中非间与贸易相关的服务业市场开放合作，以服务贸易为重点加快自贸区网络建设。将自贸区规划与产能合作有机结合，为提升贸易能力提供保障。

第三章　全球视野下的非洲跨国直接投资

第一节　非洲的全球竞争力

20 世纪 90 年代至 21 世纪初，非洲因能源矿产价格上涨，拉动了整个大陆的经济增长率。然而由于种种原因，这种高速增长并未有效转化为非洲各国的国际竞争力提升。世界银行 2017 年 5 月发布的《非洲竞争力报告 2017》显示，与 2007 年相比，非洲的整体国际竞争力指数（Global Competetive Indicate，GCI）上升幅度仅为 5%，发展缓慢，远远落后于经合组织（OECD）国家尤其是东南亚国家。在过去 10 年中，非洲国家的生活水平指数几乎没有上升，这意味着多数非洲国家在鼓励私营经济发展和经济转型方面步伐缓慢；过去两年中，非洲很多国家经济发展活力下降，国际竞争力排名几乎没有上升，甚至有所降低。

在非洲各次区域中，东部非洲尽管起步较晚，但其国际竞争力指数上升最快（比 2007 年上升了 8%），南非次之（比 2007 年上升 6%），西部和北部非洲与 10 年前相比则基本持平。普遍而言，经济结构中能源矿产比例较高的国家的国际竞争力指数基本没有改进，而实现了多元化发展的国家则平均提升 5%左右。其中，科特迪瓦、埃塞俄比亚、卢旺达、坦桑尼亚等国都有望保持年均 7%以上的 GDP 增长率，同时实现了国际竞争力的较快提升。这说明只要实施了正确的经济政策，非洲国家同样能够“逆风飞扬”。

非洲国家国际竞争力的发展很不均衡。在国际竞争力的各项指数中，得分最高国家和得分最低国家之间的分数差高于全球其他地区，其中分数差异最大的指数是金融市场（得分最高国家为南非 5.19 分，得分最低国家为毛里塔尼亚 2.21 分）、宏观经济（得分最高国家为博茨瓦纳 6.18 分，得分最低国家为马拉维 2.11 分）和卫生医疗（得分最高国家为毛里求斯 6.06 分，得分最低国家为尼日利亚 2.84 分）。

与国际标准相比，非洲国家的竞争力指数同样分布不均。例如，在劳动力市场效率和商品市场效率方面，部分非洲国家已经达到 OECD 国家的水平；然而，非洲国家在基础设施、高等教育、技术准备和创新等方面均与其他区域国家存在显著差距。这也意味着下一步非洲国家制定宏观政策时更应考虑加强上述方面。尽管多数非洲国家在信息通信技术方面加强投入，但与其他地区国家相比仍然差距甚大。自 2015 年以来，国际大宗商品价格下跌严重影响了非洲国家的基础设施建设和宏观经济增长，同时使本已脆弱的金融市场“雪上加霜”。此外，虽然很多非洲国家加强了对创新活动的支持，但基础设施、金融以及劳动生产率的整体状况都会对创新活动的成效造成综合影响。

在宏观经济方面，国际大宗商品价格下降对非洲国家经常性账户和金融市场带来了冲击，并对长期投资造成影响。近 2 年非洲国家宏观经济环境普遍恶化，平均而言，非洲国家政府债务占 GDP 比重上升了 9%，公共赤字上升 1.3%，储蓄下降 2.4%。其中，宏观经济指数下降最为明显的国家包括阿尔及利亚（下降 25%）、莫桑比克（下降 14%），以及乍得和尼日利亚（下降 13%）。

在基础设施建设方面，很多非洲国家的交通和能源基础设施建设步伐放缓。平均而言，2015 年以来非洲国家交通基础设施指数下降了 6%，而同期亚洲国家则增加了 7%。在过去 10 年中，非洲国家能源基础设施指数下降 3%，进一步拉大了与 OECD 国家及其他亚洲国家的差距。南非和摩洛哥的交通基础设施建设指数在非洲最为领先，分别排名全球第 30 位和第 47 位，但仍然与 OECD 国家平均水平相差 15%。

在教育培训方面，目前非洲国家的初级和中级教育参与率仍然较低，与其他地区国家相比仍然存在较大发展空间；在职业技能培训方面，非洲国家平均参与率从 6.5% 上升至 8.5%，但仍然只有东南亚国家的 1/3 左右。在技术准备方面，非洲国家在信息通信基础设施方面进步较大，尤其是手机和互联网的使用率显著上升，但信息技术在工业领域的应用仍然滞后。

应当看到，非洲在很多方面也在努力提升其国际竞争力并取得显著成效，尤其是在新千年目标所涵盖的领域。例如，非洲平均的健康与初级教育指标在过去 12 年中上升了 12%，这主要是由于婴儿死亡率的显著降低（由 83‰下降至 47‰），肺结核死亡率的显著下降（每 10 万人死亡率由 406 人降至 313 人），以及小学入学率的大幅提升（由 76% 上升至 83.5%）。

同时，非洲国家商品市场效率也在显著提高，这主要得益于三个方面：一是地区竞争指标提高了13%，更多的市场竞争带来了商品价格下降和流通效率提高；二是政府对开办企业的限制明显减少（下降了47%）；三是针对企业盈利部分的税收在近10年中下降了一半左右。

综合而言，多数非洲国家在面对未来的挑战过程中，需要重点满足基础性的需求，例如基础设施、卫生医疗、教育和职业技能培训等，以为可持续发展和实现经济多元化奠定基础。同时，信息通信等技术准备对非洲未来发展也至关重要。

第二节　非洲的全球外国直接投资

国际资本跨国流动的根本逻辑是追逐超额利润，而在全球化背景下，国家和地区对于外国直接投资的吸引力在于能够提供高于其他国家和地区的生产资源组织效率和更多无风险套利机会。因此，跨国资本往往流向投资环境较好、外部风险较低、生产组织效率较高，或者虽有一定外部风险但能够产生高额利润回报的国家和地区。

通过将流入非洲的外国直接投资（包括非洲本土

的跨国投资）与全球投资流向进行比较分析可以发现，非洲吸引国际资本的能力明显弱于全球其他地区，同时这种吸引能力多数集中在采掘业等初级产业，跨国资本流入非洲的对象并不固定，这种资本流入往往具有不可持续的特点。

一　近年来全球跨国直接投资变动特点

2012—2016 年，全球跨国直接投资呈现“先降后升”的总体特征（见表 3 - 1、表 3 - 2）。2012 年和 2013 年，全球跨国直接投资总量为 1. 40 万亿美元和 1. 47 万亿美元，至 2014 年降至低谷为 1. 23 万亿美元；2015 年和 2016 年，全球外国直接投资总量则飙升至 1. 77 万亿美元和 1. 75 万亿美元。值得重视的是，2015 年、2016 两年全球外国直接投资的变动反映出以下特点。

一是发达经济体成为全球 FDI 的重心。2015 年发达经济体 FDI 几乎增加了一倍，达到 9840 亿美元，占全球 FDI 的比重从 2014 年的 40. 64% 猛增到 2015 年的 55. 47%，占据半壁江山。2016 年这个比例继续上升，发达经济体在全球 FDI 流量中所占份额达到 59. 11%。二是欧洲波动巨大，美国持续上升，英国异军突起。2015 年欧洲的 FDI 流入量增长强劲，美

表 3 – 1　　全球外国直接投资　　单位：十亿美元

年份 地区	2012	2013	2014	2015	2016
发达经济体	679	697	499	984	1032
欧洲	401	326	289	566	533
北美	209	301	146	390	425
发展中经济体	639	671	681	752	646
非洲	56	54	54	61	59
亚洲	401	428	465	524	443
拉美	178	186	159	165	142
全球总量	1403	1467	1228	1774	1746

资料来源：联合国贸发会议（UNCTAD）《世界投资报告》。

表 3 – 2　　全球外国直接投资占比　　单位：%

年份 地区	2012	2013	2014	2015	2016
发达经济体	48.40	47.51	40.64	55.47	59.11
欧洲	28.58	22.22	23.53	31.91	30.53
北美	14.90	20.52	11.89	21.98	24.34
发展中经济体	45.55	45.74	55.46	42.39	37.00
非洲	3.99	3.68	4.40	3.44	3.38
亚洲	28.58	29.18	37.87	29.54	25.37
拉美	12.69	12.68	12.95	9.30	8.13

资料来源：联合国贸发会议（UNCTAD）《世界投资报告》。

国则在 2014 年的历史低位基础上翻了两番。2016 年，欧洲 FDI 流入量大幅下降 29%，约为 3850 亿美元；美国仍是最大的 FDI 接受国，外资流入约为 3850 亿美元；其次是英国，外资流入为 1790 亿美元，从 2015 年的第 12 位上升到 2016 年的第 2 位。三是跨境并购加速。2015 年和大型公司内部重组相关的跨国并购交易导致相关国家国际收支资本项下的巨额资金流动；2016 年全球跨境并购保持在较高水平，达到 2007 年以来的历史高位。2014 年、2015 年和 2016 年三年全球跨境并购增幅分别为 67%、68% 和 13%。

这种巨大的变动将产生三个方面的结果：一是资本向发达国家集中。全球资本先向欧洲集中，进而又从欧洲流向了其他发达国家（当然欧洲国家相互之间也产生了巨额的 FDI）。不仅美国、英国有大量资本流入，其他国家也出现这种趋势，例如，日本跨境并购从 2015 年的 30 亿美元大幅上升至 2016 年的 200 亿美元，韩国的 FDI 从 2015 年的 40 亿美元的低谷上升到 2016 年的 94 亿美元，等等。二是很多发展中经济体 FDI 下降明显。2015 年，非洲的 FDI 流入量下降 7% 至 540 亿美元，拉丁美洲和加勒比地区的 FDI 流入量为 1680 亿美元，与 2014 年基本持平。2016

年，流入非洲的 FDI 下降了 5%，为 510 亿美元；流入拉美和加勒比地区的 FDI 下降了 19%，为 1350 亿美元。三是促进生产的绿地投资减少。2016 年，将少数国家的几个超大型投资项目排除在外，全球大部分地区的绿地投资出现下滑。制造业绿地投资下降了 9%，为 2910 亿美元。初级部门的投资大幅下降了 46%，为 190 亿美元，这意味着矿业和采掘业几乎没有绿地投资。

应当指出的是，金融危机之后，全球主要经济体推行的不同形式的“量化宽松”政策，为市场流入了极大的流量性，同时也将利率降到有史以来的最低水平。此外，全球主要跨国企业握有高达 6 万多亿美元的现金，远远高于危机前的平均水平。这就意味着目前在发达国家形成了巨额资金的“堰塞湖”。这个“堰塞湖”的背后有两个重要的支撑：一是发达国家跨国公司的复杂结构。跨国公司之间的架构设计都是精心安排的，服从于其总体战略，并且有一系列法律、风控、内控等架构在维护。二是复杂的全球投资协议结构。截至 2015 年年底，全球国际投资协定总数达到 3300 多个，同时，区域协定往往规定，签约方的双边条约继续有效，从而使得投资规则体系更加复杂。如果按目前的模式，全球仍需要签订 12000 多个双边协定，才能涵盖所有的双边投资关系。这意味着发展中国家在“招商引资”时所必须面对、难以谈判且只能接受的各种限制和壁垒一时难以打破。

非洲在全球外国直接投资中所占比例很低。2012—2016 年，流入非洲的外国直接投资规模分别为 560 亿、540 亿、540 亿、610 亿、590 亿美元，占全球外国直接投资总量的比例分别为 3.99%、3.68%、4.40%、3.44%、3.38%。与之相比，同期亚洲发展中国家吸引外资规模分别为 4010 亿、4280 亿、4650 亿、5240 亿、4430 亿美元，占全球比例分别为 28.58%、29.18%、37.87%、29.54%、25.37%。如前所述，近年来全球资本绝大多数进入了发达国家，在发展中国家里，亚洲则吸引了其余的多数投资，流入非洲的资本所剩无几。

二　近年来非洲外国直接投资情况

2012 年，非洲外国直接投资增幅为 5%，总量达到 500 亿美元，是全球少数同比实现增长的区域之一。同时，非洲外资流出增长近两倍，规模达 140 亿美元。发展中国家在非洲外国直接投资流入中所占份额保持上升趋势，马来西亚、南非、中国和印度在非洲的投资存量名列前茅。刚果（金）、毛里塔尼亚、莫桑比克和乌干达采掘业吸引了大量外国直接投资；同时，2008—2012 年，非洲服务业和制造业的外国直接投资的新项目占比由 7% 增长至 23%。

2013 年，非洲吸收外国直接投资增长 4%，规模达 570 亿美元，其中东部和南部非洲是吸收外国直接投资的主要次区域。东部非洲吸收外资增长 15%，规模达到 62 亿美元。肯尼亚的石油和天然气行业、制造业、运输业以及埃塞俄比亚的制造业部门均吸引了大量外资。在南部非洲，外国直接投资增长近 1 倍，达到 130 亿美元，南非、莫桑比克的基础设施、天然气等部门成为吸收外资的主力部门。流入北部、中部和西部非洲的外资流量分别为 150 亿美元、80 亿美元和 140 亿美元。值得注意的是，东非共同体和南部非洲发展共同体的区域内投资分别达到 50% 和 90%。

2014 年非洲吸引外资数量有所下降，规模为 540 亿美元。北非下降 15%，规模为 115 亿美元，埃及、摩洛哥吸引外资增加到 48 亿美元和 36 亿美元，涨幅分别为 14% 和 9%。西部非洲吸引外资减少至 128 亿美元，下降 10%，埃博拉疫情、安全局势及大宗商品价格下跌是影响外资流入的主要原因。东部非洲外国直接投资流入 68 亿美元，上升 11%，坦桑尼亚的天然气以及埃塞俄比亚的纺织品部门均吸引大量外资。中部非洲吸引外资 121 亿美元，上升 33%，刚果（金）和刚果（布）采掘业吸引投资继续增长。南部非洲吸引外资 108 亿美元，下降 2.4%，其中南非和莫桑比克分别吸引投资 57 亿美元和 49 亿美元。

2015 年，非洲外国直接投资依然维持 540 亿美元规模。北非吸引外资较上年增长 9%，规模为 126 亿美元，其中埃及成为吸引外资最多的国家。由于大宗商品价格下跌，尼日利亚、刚果（布）和刚果（金）采掘业的外国直接投资大幅下降，导致西部非洲外资流入下降 18% 至 99 亿美元，中部非洲外资流入下降 36% 至 58 亿美元。东部非洲吸引外资小幅下降 2% 至 78 亿美元，但肯尼亚由于营商环境改善和市场规模增加，吸引外资达到创纪录的 14 亿美元，表现令人瞩目。南部非洲吸引外资规模为 178 亿美元，但其中流入安哥拉的 87 亿美元为跨国公司内部借贷；流入南非的外国直接投资仅为 18 亿美元，为 10 年以来的最低水平。

2016 年，非洲外国直接投资规模为 590 亿美元。北部非洲吸引外资额增长 11%，达到 145 亿美元。其中埃及增长 17% 至 81 亿美元，主要原因是在其西部沙漠中发现了新的油田；摩洛哥吸引外资下降 29% 至 23 亿美元，主要是由于欧洲消费需求下降从而导致摩洛哥制造业部门投资减少；阿尔及利亚由于修订了投资法和增加了石油产量，吸引外资有所增加，达15亿美元。中部非洲吸引外资下降15%至51亿美元，其中刚果（金）和刚果（布）分别为12亿美元和20亿美元。东部非洲吸引外资71亿美元，其中埃塞俄比亚吸引外资增长46%至32亿美元，其制造业和服务业成为吸引外资的主要部门；坦桑尼亚和肯尼亚吸引外资规模则持续下降，分别为14亿美元和3.94亿美元。西部非洲吸引外资114亿美元，其中尼日利亚和加纳分别吸引44亿美元和35亿美元，其主因仍然是石油部门的增产。南部非洲吸引外资为212亿美元，其中安哥拉和莫桑比克分别为144亿美元和30亿美元，南非吸引外资为23亿美元。

可以看出，非洲吸引国际资本的能力很低，并且这种吸引力不可持续。对于以逐利为目的的跨国资本而言，非洲似乎是“被遗忘的大陆”。每年流入非洲大陆各次区域的资本，基本都进入几个主要经济体，大多数非洲国家几乎无法吸引外资进入，更无法通过吸引跨国资本引进技术和管理。而跨国资本在非洲基本以寻求能矿产品为主，投入制造业和服务业的国际资金规模很小，并且无法保持持续性的投资，这也意味着非洲在可持续发展方面困难重重。

第四章　非洲的治理环境

对一国治理环境的评估通常包括三个方面：政策及法律环境、安全环境以及公司治理环境。政策及法律环境包括产权保护、政府治理和法律环境三个维度12项评估因素（财产权保护、知识产权保护、公众政治信任、政府政策透明度、不规则支付和贿赂、政府决策偏袒、政府支出效率、公共资金流向、政府管制负担、司法独立、争议解决法律框架、行政诉讼法律框架）。安全环境包括4项评估因素（恐怖主义商业成本、暴力犯罪商业成本、有组织犯罪、警务可靠度）。公司治理环境包括5项评估因素（公司伦理、审计和报告标准、董事会效率、股东权利保护、投资者保护力度）。

联合国秘书长潘基文曾在2015年评价指出，非洲在促进经济增长、改善治理和选举管理、预防和解决冲突、打击恐怖主义和暴力极端主义以及应对疾病暴发方面，总体上取得了进展。[1] 从《全球竞争力报告》对非洲35个国家治理环境的全球排名评估来看，北非国家情况较好，东部、南部和西部非洲国家参差不齐，中部非洲国家情况较差。在全球137个国家和地区中，治理环境排名在50位之前的非洲国家包括卢旺达（第16位）、毛里求斯（第37位）、纳米比亚（第44位）、博茨瓦纳（第45位）、冈比亚（第46位）、摩洛哥（第49位）；排名在100位之后的非洲国家包括布隆迪（第122位）、津巴布韦（第114位）、莫桑比克（第127位）、马达加斯加（第130位）、几内亚（第105位）、塞拉利昂（第112位）、尼日利亚（第125位）、毛里塔尼亚（第132位）、喀麦隆（第100位）、马里（第110位）、刚果（金）（第121位）、乍得（第136位）。治理环境评估给出了一国经济发展从宏观到微观所面临的基本制度框架情况，本章将从政策和法律、安全以及公司治理三个方面分析非洲国家治理环境的特点。

---

① 《非洲境内冲突起因和促进持久和平与可持续发展：秘书长的报告》第3页，2015年7月24日，联合国安理会文件，资料号：A/10/176－S/2015/560。

第一节　非洲国家的政策和法律环境

总体而言，非洲国家的政策和法律环境具有以下特点：

一　公众对政治家信任度较高的国家不在少数

公众对政治家信任度指数主要调查本国民众对政治家伦理、道德行为的评价，这反映出一国政治信任度的基础水平。从非洲国家的全球排名情况看，有7个国家排名在前50位：卢旺达（第10位）、冈比亚（第36位）、埃塞俄比亚（第41位）、博茨瓦纳（第43位）、佛得角（第45位）、纳米比亚（第47位）、坦桑尼亚（第48位）。其中，除了冈比亚、埃塞俄比亚和坦桑尼亚的主要领导人更换为时不久外，其余国家领导人均已执政较长时间。有15个国家该项指数排名全球第60—80位，这说明多数非洲国家的民众政治信任度在全球来看是比较理想的。有5个国家该项指数排名全球100位之后：贝宁（第103位）、南非（第114位）、马拉维（第120位）、尼日利亚（第130位）、津巴布韦（第131位）。需要指出的是，非洲第一、第二大经济体尼日利亚和南非的公众政治信任指数全球排名较低，由于这两个国家经济对周边国家和非洲整体经济情况影响较大，这也反映出非洲经济发展的政治信任基础并不理想。同时，南非和津巴布韦近期主要领导人的更替，也有望改善这两个国家的政治信任度。

二　政府决策透明度偏低，但多数国家政府偏袒指数不高

政府决策透明度指数主要衡量所在国企业获取政府相关政策和法规的难易程度。从非洲国家该项指数的全球排名情况看，有 15 个国家位居全球 100 位以后：马拉维（第 101 位）、尼日利亚（第 106 位）、刚果（金）（第 108 位）、利比里亚（第 111 位）、莱索托（第 112 位）、几内亚（第 114 位）、贝宁（第 115 位）、津巴布韦（第 118 位）、莫桑比克（第 119 位）、阿尔及利亚（第 121 位）、埃及（第 129 位）、布隆迪（第 130 位）、乍得（第 133 位）、马达加斯加（第 134 位）、毛里塔尼亚（第 136 位）。位居全球 51—80 位和 81—99 位的国家分别为 9 个和 4 个。当然，也有少数国家政府透明度指数排名比较靠前，例如卢旺达（第 9 位）、纳米比亚（第 33 位）、博茨瓦纳（第 34 位）、毛里求斯（第 39 位）等。

然而与政府决策透明度相关的，是调查结果认为多数非洲国家政府偏袒指数并不高。政府偏袒指数衡量的是政府在制定政策及签订合同过程中，是否对关联企业或个人有着明显偏袒。从非洲国家的全球排名情况看，有7个国家情况较好，排名在前50位以内：卢旺达（第9位）、冈比亚（第38位）、埃塞俄比亚（第44位）、几内亚（第45位）、埃及（第48位）、坦桑尼亚（第49位）、摩洛哥（第50位）。同时，有15个国家该指数排位在51—80位；仅有7个国家排名在全球100位之后（乌干达、乍得、莫桑比克、马拉维、尼日利亚、南非、津巴布韦）。

三　政府管制负担指数不高，但不规则支付及贿赂问题严重

政府管制负担指数主要衡量所在国企业为了遵循政府要求所带来的商业负担程度。不规则支付及贿赂指数则主要衡量所在国企业获取5个方面政府支持或资源时需要发生的不规则支付或贿赂的情况，这5个方面包括：进出口、公共服务、年度纳税、公共合同或许可、偏袒性法律判决。在政府治理良好的国家，这两项指数均应不断降低；如果前者较高而后者较低，则说明政府在反腐败和政府行为方面管理较为规

范，但政府行政效能有待提高；如果前者较低而后者较高，则说明存在大量“公权私用”情况，同时政府对经济的引导作用有待提高。

从非洲国家政府管制负担指数的国际排名情况看，多数国家由于政府管理给企业带来负担的情况并不严重。在全球137个国家和地区中，有12个非洲国家该项指数的全球排名在前50位以内：卢旺达（第3位）、冈比亚（第10位）、塞舌尔（第29位）、肯尼亚（第31位）、纳米比亚（第33位）、摩洛哥（第39位）、埃塞俄比亚（第40位）、利比里亚（第42位）、佛得角（第44位）、赞比亚（第45位）、莱索托（第47位）、加纳（第49位）。有9个国家位于51—80位。仅有5个国家排名在100位以后：刚果（金）（第100位）、毛里塔尼亚（第101位）、突尼斯（第103位）、尼日利亚（第114位）、津巴布韦（第133位）。

四 政府支出效率一般，公共资金流向管理不规范

政府支出效率指标主要衡量各国政府制定、执行公共财政预算方面的效率，公共资金流向指标则衡量公共财政资金是否非法流向企业、个人或利益集团。

一般而言，政府支出效率较高的国家，其政府效能也相对较高；同时公共资金流向指标的高低，也能够有效反映出该国政府在公共资金的管理和使用方面的规范性特点。如果公共资金经常非法流向企业、个人或利益集团，则一定程度上说明该国政府权力缺乏监督。

从非洲国家政府支出效率指标的国际排名情况看，有 10 个国家排名在前 50 位以内：卢旺达（第 5 位）、莱索托（第 21 位）、坦桑尼亚（第 28 位）、冈比亚（第 32 位）、博茨瓦纳（第 37 位）、佛得角（第 41 位）、塞内加尔（第 43 位）、布隆迪（第 46 位）、埃塞俄比亚（第 48 位）、塞舌尔（第 50 位）。另有 10 个国家的排名在 51—80 位。这说明大部分非洲国家在政府支出效率方面已经取得了很大进步。但是，仍然有 11 个国家排名在第 100 位之后：乌干达（第 100 位）、南非（第 103 位）、刚果（金）（第 105 位）、马拉维（第 106 位）、几内亚（第 106 位）、毛里塔尼亚（第 111 位）、莫桑比克（第 118 位）、尼日利亚（第 120 位）、马达加斯加（第 122 位）、乍得（第 128 位）、津巴布韦（第 134 位）。

从公共资金流向管理指标看，有 13 个非洲国家排名在全球 100 位之后：塞拉利昂（第 100 位）、布隆迪（第101位）、南非（第109位）、刚果（金）（第110位）、马拉维（第111位）、津巴布韦（第114位）、乌干达（第116位）、几内亚（第122位）、喀麦隆（第123位）、莫桑比克（第125位）、马达加斯加（第126位）、尼日利亚（第132位）、乍得（第136位），其中不乏非洲主要经济体和能源矿产国家。仅有6个国家排名前50位以内并且大多排名相对靠后：卢旺达（第16位）、突尼斯（第44位）、博茨瓦纳（第45位）、冈比亚（第48位）、摩洛哥（第49位）、毛里求斯（第50位）。

五　多数国家财产权和知识产权保护状况不理想

财产权保护和知识产权保护指标分别衡量的是所在国对于各类财产（包括金融资产）和知识产权的保护情况。在现代市场经济中，产权保护是非常重要的基础条件，在全球范围内各经济运行及发展情况良好的国家，基本都实现了较好的财产权和知识产权保护。

从财产权保护指标的全球排名情况看，有13个国家排名于100位之后：阿尔及利亚（第101位）、尼日利亚（第104位）、利比里亚（第106位）、莫桑比克（第108位）、莱索托（第111位）、马里

（第 114 位）、塞拉利昂（第 117 位）、刚果（金）（第 123 位）、马达加斯加（第 130 位）、布隆迪（第 131 位）、乍得（第 133 位）、毛里塔尼亚（第 135 位）、津巴布韦（第 136 位）。同时，有 15 个国家的知识产权保护指标排名在 100 位之后：莱索托（第 102 位）、塞舌尔（第 103 位）、利比里亚（第 104 位）、津巴布韦（第 110 位）、刚果（金）（第 111 位）、乌干达（第 112 位）、塞拉利昂（第 114 位）、马达加斯加（第 115 位）、马拉维（第 117 位）、莫桑比克（第 126 位）、尼日利亚（第 127 位）、布隆迪（第 128 位）、毛里塔尼亚（第 131 位）、埃及（第 132 位）、乍得（第134 位）。

只有少数国家在财产权和知识产权保护方面做得较好。在财产权保护方面，有 5 个国家排名全球 50 位以内：卢旺达（第 25 位）、纳米比亚（第 32 位）、博茨瓦纳（第 34 位）、毛里求斯（第 39 位）、摩洛哥（第 44 位）。在知识产权保护方面，仅有 4 个国家排名在全球 50 位以内：卢旺达（第 28 位）、南非（第 36 位）、纳米比亚（第 43 位）、喀麦隆（第 48 位）。

六　多数国家司法独立性较差，但法律框架效率指标较为理想

评估一个国家法律环境的主要指标包括司法独立性、争议解决的法律框架效率和行政诉讼法律框架效率。司法独立性指标主要衡量一国司法框架对政府、企业和个人是否具有独立性影响；争议解决的法律框架效率主要衡量立法和司法体系在解决企业间纠纷或争议时的效率；行政诉讼法律框架效率主要衡量立法和司法体系在解决商业主体与政府间纠纷或争议时的效率。从非洲国家的实践看，尽管在西方国家语境下非常重视司法独立的重要性，但司法独立却并非法律框架效率的必要前提。

从司法独立性指标看，有11个非洲国家排名于全球100位之后：喀麦隆（第104位）、贝宁（第107位）、津巴布韦（第109位）、塞拉利昂（第112位）、莫桑比克（第115位）、毛里塔尼亚（第116位）、几内亚（第125位）、刚果（金）（第127位）、马达加斯加（第128位）、布隆迪（第131位）、乍得（第134位）。仅有6个国家排名在50位以内：卢旺达（第23位）、纳米比亚（第29位）、埃及（第31位）、毛里求斯（第34位）、南非（第36位）、

加纳（第 43 位）。非洲绝大多数国家司法独立性指标均在 51—99 位。

非洲国家在法律框架效率方面的情况则相对较好。卢旺达（第 13 位）、纳米比亚（第 29 位）、南非（第 31 位）、博茨瓦纳（第 32 位）、毛里求斯（第 33 位）、冈比亚（第 36 位）、加纳（第 37 位）、塞内加尔（第 40 位）、坦桑尼亚（第 43 位）、肯尼亚（第 50 位）这 10 个国家的争议解决法律框架效率指标全球排名在前 50 位以内。卢旺达（第 11 位）、纳米比亚（第 21 位）、毛里求斯（第 24 位）、南非（第 36 位）、博茨瓦纳（第 37 位）、加纳（第 38 位）、塞内加尔（第 41 位）、肯尼亚（第 46 位）、冈比亚（第 48 位）、塞舌尔（第 50 位）这 10 个国家的行政诉讼法律框架效率指标全球排名在前 50 位以内。

第二节　非洲国家的安全环境

评估一个国家的安全环境，主要包括恐怖主义造成的商业成本、暴力犯罪造成的商业成本、有组织犯罪以及警务可靠度 4 项指标。总体而言，非洲多数国家的安全环境不容乐观。南非安全研究所研究认为：

2014年，非洲的各种非结构性暴力增长尤其明显，如在埃及、南非、尼日利亚、利比亚、肯尼亚等国都发生了大量暴乱和抗议事件，尽管事件并未导致大量人员死亡；在非洲2014年的所有冲突性事件中，90%都是暴乱、抗议或者针对平民的暴力事件①。

一　很多国家商业环境受到恐怖主义严重影响

在37个被调查统计的非洲国家中，有16个国家的恐怖主义导致商业成本指数排名全球100位之后：塞舌尔（第102位）、埃及（第104位）、布隆迪（第106位）、埃塞俄比亚（第107位）、塞拉利昂（第110位）、毛里塔尼亚（第111位）、塞内加尔（第113位）、莫桑比克（第114位）、乌干达（第123位）、几内亚（第126位）、喀麦隆（第127位）、突尼斯（第128位）、马里（第129位）、尼日利亚（第133位）、肯尼亚（第134位）、乍得（第135位）。不难看出，萨赫勒地区极端组织、索马里乱局、埃及西奈半岛极端组织、几内亚湾海盗等恐怖主义根源难除，对周边国家影响将持续存在。

---

① Jakkie Cilliers and Steve Hedden, "Africa's Current and Futare Stability", ISS Paper, No. 274, November 2014, p. 4.

比较而言，南部非洲受恐怖主义因素影响较小。莱索托（第 1 位）、津巴布韦（第 3 位）、马拉维（第 19 位）、卢旺达（第 20 位）、博茨瓦纳（第 23 位）、毛里求斯（第 25 位）、纳米比亚（第 27 位）等国的该项指标排名均非常靠前。

二 暴力犯罪和有组织犯罪影响正常商业运行

ACLED 分析认为，非结构性暴力的重要性正在上升，“整体态势很清晰：战斗和大规模战争持续下降……取代其位置的是多元行为体发动的动机不同但性质相似的暴力活动”①。暴力犯罪是很多非洲国家的“顽疾”，尤其在大选、示威游行、部族冲突、城市犯罪等情况下，暴力犯罪严重威胁着本地民众和外来投资者的生命及财产安全。从暴力犯罪造成的商业成本指标全球排名看，有 16 个非洲国家排名在 100 位之后：佛得角（第 100 位）、贝宁（第 101 位）、纳米比亚（第 103 位）、布隆迪（第 106 位）、塞拉利昂（第 108 位）、马拉维（第 111 位）、喀麦隆（第 112 位）、乌干达（第 115 位）、几内亚（第 116

① ACLED, “Real Time Analysis of African Political Violence, February 2017”, Conflict Trends, No. 55, February 2017, p. 2.

位）、莫桑比克（第117位）、马里（第118位）、马达加斯加（第119位）、肯尼亚（第123位）、尼日利亚（第124位）、乍得（第126位）、南非（第133位）。有13个国家排名在71—99位。仅有6个国家排名在50位以内：莱索托（第2位）、卢旺达（第7位）、冈比亚（第35位）、摩洛哥（第36位）、毛里求斯（第44位）、阿尔及利亚（第48位）。

根据《联合国打击跨国有组织犯罪公约》的定义，“有组织犯罪集团”系指由三人或多人所组成的、在一定时期内存在的、为了实施一项或多项严重犯罪或根据本公约确立的犯罪，以直接或间接获得金钱或其他物质利益而一致行动的有组织结构的集团。从有组织犯罪指标看，有13个国家全球排名在100位之后：贝宁（第103位）、喀麦隆（第106位）、塞拉利昂（第108位）、尼日利亚（第110位）、乌干达（第112位）、马达加斯加（第117位）、布隆迪（第118位）、肯尼亚（第120位）、南非（第122位）、马里（第124位）、莫桑比克（第125位）、几内亚（第126位）、乍得（第130位）。仅有7个国家该项指标排名在全球50位以内：卢旺达（第11位）、莱索托（第14位）、毛里求斯（第22位）、摩洛哥（第37位）、津巴布韦（第40位）、冈比亚

（第44位）、阿尔及利亚（第50位）。

三　多数国家警务可靠度较低

警务可靠度所衡量的，是所在国加强法律与秩序过程中，警察机构的可靠程度，包括警力、装备、组织管理等方面因素。从该项指标的全球排名情况看，有13个非洲国家排名在100位之后：赞比亚（第100位）、利比里亚（第104位）、津巴布韦（第108位）、塞拉利昂（第110位）、刚果（金）（第113位）、马里（第115位）、南非（第118位）、布隆迪（第121位）、尼日利亚（第123位）、马达加斯加（第125位）、莫桑比克（第126位）、乍得（第128位）、几内亚（第136位）。仅有7个国家的警务可靠度指数排名在全球50位以内（卢旺达、冈比亚、摩洛哥、莱索托、塞内加尔、加纳、埃及）。

第三节　非洲国家的公司治理环境

公司作为法人成立后，其行为即受到所在国法律的约束，相应地，其内部治理也是在一定的法律框架内进行的。因此，一国公司治理也在一定程度上反映了该国商业环境方面有关法律框架的功能及效率。公司治理会对企业社会责任与企业财务绩效产生什么样的影响？学者们对此从各种角度进行了实证研究。如 Margelis 和 Walsh 对 1972—2002 年间的 109 篇相关文献进行了分析，发现了二者之间的关系会因公司发展战略、所处经济环境、治理结构等因素的不同而有所差异。①

对公司治理环境的评估主要包括公司伦理、审计和报告标准、董事会效率、股东权利保护、投资者保护力度 5 个方面的因素。总体而言，非洲国家的公司治理环境呈现如下特点。

一 多数国家公司伦理表现不佳

公司伦理指标主要衡量所在国企业在与公众、政府及其他企业和个人互动过程中的伦理情况，包括廉洁、环保、遵守法律及社会责任等方面。从该项指标的全球排名情况看，有 15 个非洲国家排名于全球 100 位之后：莱索托（第 101 位）、阿尔及利亚（第 103 位）、马拉维（第 107 位）、喀麦隆（第 108 位）、马里（第 109 位）、利比里亚（第 110 位）、马

① Joshua D. M., James P. W., "Misery Loves Companies: Rethinking Social Lmitiatives by Business", Administrative Science Quarterly, Vol. 48, June 2003, pp. 268 – 305.

达加斯加（第114位）、津巴布韦（第115位）、塞拉利昂（第116位）、尼日利亚（第119位）、布隆迪（第122位）、莫桑比克（第124位）、刚果（金）（第129位）、乍得（第133位）、毛里塔尼亚（第136位）。仅有5个国家排名在50位以内：卢旺达（第23位）、毛里求斯（第40位）、纳米比亚（第44位）、博茨瓦纳（第45位）、加纳（第50位）。

二　审计和报告标准缺失比较严重

严格的审计和报告标准是确保企业合规及高效运行的关键，该项指标主要衡量所在国在采用审计和报告标准方面的严格程度。从该项指标的全球排名情况看，有19个非洲国家位于100位之后：塞内加尔（第104位）、佛得角（第105位）、埃塞俄比亚（第107位）、坦桑尼亚（第108位）、贝宁（第111位）、喀麦隆（第113位）、布隆迪（第116位）、莱索托（第119位）、赞比亚（第121位）、马达加斯加（第122位）、利比里亚（第124位）、塞舌尔（第126位）、塞拉利昂（第127位）、阿尔及利亚（第129位）、刚果（金）（第131位）、莫桑比克（第132位）、马里（第133位）、乍得（第135位）、毛里塔尼亚（第137位）。只有5个国家排名在50位以内：南非（第30位）、纳米比亚（第38位）、几内亚（第42位）、毛里求斯（第43位）、卢旺达（第45位）。

三 很多国家董事会管理和小股东权益保护表现不佳

董事会效率和小股东权益保护是公司治理的重要环节，市场经济运行较为规范的国家，基本都非常重视从法律和规范层面对此进行调控和管理。从董事会效率指标看，有15个非洲国家排名于全球100位之后：突尼斯（第100位）、坦桑尼亚（第103位）、利比里亚（第106位）、埃及（第107位）、马达加斯加（第110位）、佛得角（第112位）、马里（第117位）、塞拉利昂（第120位）、莫桑比克（第123位）、塞舌尔（第124位）、埃塞俄比亚（第129位）、乍得（第133位）、莱索托（第134位）、阿尔及利亚（第135位）、毛里塔尼亚（第137位）。从小股东权益保护指标看，有11个非洲国家排名于全球100位之后：佛得角（第103位）、马里（第108位）、埃塞俄比亚（第113位）、布隆迪（第116位）、塞拉利昂（第118位）、莫桑比克（第120位）、乍得（第122位）、马达加斯加（第125位）、莱索托（第 126 位）、几内亚（第 135 位）、毛里塔尼亚（第 137 位）。仅有卢旺达、毛里求斯、南非、博茨瓦纳 4 个国家这 2 项指标的排名在全球前 50 位以内。

四　多数国家对投资者权益保护的情况非常不理想

投资者权益保护指标是衡量一国吸引外国投资、保护本国投资各项政策及实施情况的重要风向标，主要包括交易透明度、关联交易可靠性以及股东维权难度等维度。从该项指标的全球排名情况看，有 17 个非洲国家位列全球 100 位之后：毛里塔尼亚（第 102 位）、马拉维（第 106 位）、莫桑比克（第 106 位）、塞内加尔（第 111 位）、喀麦隆（第 111 位）、布隆迪（第 111 位）、坦桑尼亚（第 116 位）、贝宁（第 116 位）、马里（第 116 位）、几内亚（第 116 位）、乍得（第 122 位）、刚果（金）（第 124 位）、佛得角（第 124 位）、冈比亚（第 126 位）、阿尔及利亚（第 131 位）、埃塞俄比亚（第 133 位）、利比里亚（第 135 位）。有 15 个非洲国家位于 71—99 位，仅有 4 个国家排名在前 50 位之内（南非、毛里求斯、尼日利亚、纳米比亚）。

第四节　本章结论

通过对非洲国家治理环境的综合分析不难发现，与全球其他地区相比，非洲很多国家的政府治理水平远远落后，然而公众对政治家以及对一些不合理的政府行为的认可程度却并不低；同时，多数非洲国家尚未或难以形成支撑现代企业高效和可持续发展的治理环境。

相对而言，非洲很多国家的政府行为既不规范也不高效，然而细究其中的逻辑，却可以看出这种“不合理”得到了民众和社会的认可。例如在很多非洲国家公众对政治家的认可程度在全球排名并不十分落后，近年来非洲多数国家政局的相对稳定也印证了这一结论。再如，非洲很多国家政府决策透明度很低，但调查却发现民众并不认为政府存在明显的偏袒；尽管公共资金投入国防、安全、教育、卫生及基础设施建设等公共服务领域的程度并不高，但很多国家却有着较高的公共资金使用效率（即公共资金的使用方案可以较快得以实施），等等。这些结论说明，在很多非洲国家，民众对政府的要求并不高，而政府也只需要维持一定程度的公共服务，即可以得到公众认可并保持政局的相对稳定。虽然非洲也有诸如卢旺达、毛里求斯、纳米比亚、博茨瓦纳等中小经济体的治理环境较为理想，但由于经济体量、市场规模及资源禀赋的限制，这些国家很难实现“跨越式”的发展，对非洲整体经济增长的贡献也非常小。

从全球其他地区国家的发展经验看，能够良好促进经济发展的治理环境，其基本要义是法治、产权保护及公平竞争。然而由于政府治理的落后，对于企业发展至关重要的外部环境很难形成。例如在法治层面，司法独立性不强说明“人制”的因素较强，但调查结果却显示争议解决和行政诉讼的效率较高，这说明在很多非洲国家法治环境并未很好地形成。又如，对于财产权、知识产权及投资者利益的保护都十分不理想，这在很大程度上影响了非洲国家通过吸引国际投资获得资金、技术和管理的效率，同时也影响了企业的生存和发展。非洲国家在公司治理层面的明显短板，则更为直接地说明企业及投资者很难获得有效的发展环境和条件，产生一流现代化企业的可能性微乎其微。

非洲在安全环境方面的弱势，一方面是其较低的发展水平和恐怖主义的全球扩散造成的，但同时也反映出非洲国家政府在安全环境建设方面的投入明显不足，这不仅导致了较低的警务可靠性以及对国内暴力及有组织犯罪的治理不力，也很难在地区层面开展合作以解决恐怖主义肆虐的顽疾。安全环境对经济发展的影响十分关键，但即使在非洲的一些主要经济体，这一问题仍然非常严重，这也是掣肘非洲经济发展的重大问题。

第五章　非洲的基础设施和技术成熟度

基础设施和技术成熟度是一个国家实现工业化的重要基础条件。“非洲发展新伙伴计划”将基础设施（包括水、卫生设施、交通、能源和通信）列为优先发展的领域。2009 年 2 月召开的非洲联盟第 12 届峰会以“非洲基础设施建设”为主题，表明了非洲国家希望加快基础设施建设的迫切愿望。[①] 对于基础设施的评估指标主要包括基础设施总体质量、道路质量、铁路质量、港口质量、机场质量、航线可获得性、电力供应质量、移动电话普及率、固定电话普及率 9 项指标。对技术成熟度的评估包括新技术获得

---

① 12th African Union Summit，Theme：Infrastructure Development in Africa（http：//www. africa - union. org/root/AU/Conferences/2009/jannary/summit/12th summit. html）.

性、企业技术吸收、跨国投资技术转化、互联网普及率、固定宽带普及率、网络带宽、移动宽带普及率7项指标。

总体而言，非洲国家的基础设施和技术成熟度处于全球最落后的水平。从非洲国家基础设施的全球排名情况看，只有毛里求斯（第40位）和塞舌尔（第50位）两个国家排名在全球50位以内，有11个国家排名在全球51—99位，有22个国家排名在全球100位之后。从技术成熟度的全球排名情况看，没有任何非洲国家排名在全球50位以内，有12个国家（南非、毛里求斯、塞舌尔、摩洛哥、佛得角、突尼斯、肯尼亚、纳米比亚、博茨瓦纳、加纳、埃及、阿尔及利亚）排名在51—99位，有23个国家排名于全球100位之后。

第一节 非洲的基础设施水平

《全球竞争力报告》对于各国基础设施的评估采用的是“质量”（Quality）的概念，既包括覆盖面也包括可靠性。各国基础设施类型主要包括交通、电力和通信基础设施。

一　非洲国家基础设施总体质量水平

基础设施“总体质量”所衡量的是一国公路、铁路、港口、航空、电力、交通等的综合覆盖程度和可靠性。非洲国家基础设施总体水平可以划分为3个层次。

一是基础设施条件较好的国家。排名在全球50位以内的非洲国家包括：卢旺达（第40位）、塞舌尔（第41位）、摩洛哥（第42位）、纳米比亚（第45位）、毛里求斯（第50位）。这些国家的经济规模和国土面积都比较小，同时也都是经济发展状况较好的国家。

二是基础设施条件一般的国家。排名在全球51—80位的国家包括：肯尼亚（第56位）、冈比亚（第70位）、南非（第72位）、埃及（第73位）、博茨瓦纳（第80位）。

三是基础设施条件较差的国家。排名在全球100位之后的国家有19个。其中赞比亚（第107位）、尼日利亚（第131位）、刚果（金）（第135位）都是矿产资源或者能源出口国。

可以看出，非洲国家的基础设施总体质量处于比较落后的水平，其中几乎没有能源矿产出口国能够拥有较好的基础设施，反而一些中小经济体国家的基础设施质量比较理想；另外，近年来工业化速度加快的一些国家如加纳（第85位）、坦桑尼亚（第92位）、埃塞俄比亚（第94位）等基础设施总体质量仍较差，没有很快发展出适合工业化的基础设施。

二　非洲的交通基础设施

一国的交通基础设施包括公路、铁路、港口以及航空四大部分，非洲国家各类交通基础设施的情况如下。

（一）公路

总体而言，非洲国家的公路质量在各类交通基础设施中相对较好。纳米比亚（第31位）、卢旺达（第32位）、摩洛哥（第43位）、毛里求斯（第48位）、南非（第50位）5国的公路质量全球排名在前50位以内。15个非洲国家排名在全球51—99位。15个国家排名在全球100位之后，莫桑比克（第129位）、几内亚（第133位）、马达加斯加（第134位）、刚果（金）（第136位）、毛里塔尼亚（第137位）5国排名全球最低。

（二）铁路

非洲铁路质量较好的国家基本集中在北非地区，

除南非（第47位）外，非洲铁路质量排名全球前50位的国家摩洛哥（第38位）、阿尔及利亚（第49位）、埃及（第50位）均位于北非。撒哈拉以南的非洲国家中，纳米比亚（第51位）、博茨瓦纳（第54位）、肯尼亚（第56位）属于铁路质量较好的国家。卢旺达、毛里求斯、塞舌尔、冈比亚、佛得角、塞拉利昂、利比里亚、布隆迪、乍得、莱索托、几内亚等国尚无铁路。另外，有20个国家的铁路质量排名在全球51—99位。

（三）港口

非洲大陆海岸线全长30500千米，而且内陆河流众多，具有发展港口、码头的天然优势。然而，从非洲国家港口码头质量排名看，其发展状况并不理想。只有纳米比亚（第26位）、摩洛哥（第32位）、南非（第37位）、埃及（第41位）4个国家排名在全球50位以内。撒哈拉以南的非洲国家中，塞舌尔（第53位）、肯尼亚（第55位）、塞内加尔（第59位）、冈比亚（第61位）、毛里求斯（第65位）等国的港口条件相对较好。有18个国家排名位于全球100位之后，其中毛里塔尼亚（第123位）、赞比亚（第128位）、马拉维（第130位）、乍得（第131位）、马里（第134位）的港口码头条件排名全球最低。

（四）航空

对于航空基础设施的评估包括机场质量和航线获得性两个方面。在机场质量方面，南非（第25位）、埃及（第42位）、肯尼亚（第47位）、毛里求斯（第50位）4个国家排名在全球50位以内。有12个非洲国家排名在全球51—99位，19个国家排名在100位之后。塞拉利昂（第127位）、喀麦隆（第128位）、毛里塔尼亚（第134位）、马拉维（第135位）、莱索托（第137位）排名为全球最低水平。在航线获得性方面，仅有南非、埃及和摩洛哥3国排名在全球50位以内，分别排名第29、41、48位。有12个非洲国家排名在51—99位，20个国家排名在全球100位之后。马拉维（第130位）、博茨瓦纳（第131位）、塞拉利昂（第132位）、布隆迪（第134位）、莱索托（第135位）排名全球最低。

三　非洲的电力和通信基础设施

电力供应不仅是工业化的重要保障，也是民生福利的基本要素。在现代经济和社会生活中，通信基础设施的重要性日渐增加，在提高要素配置效率、保证社会正常运转等方面发挥着越来越重要的作用。总体而言，非洲国家的电力和通信基础设施都非常落后，严重阻碍了经济社会发展。

（一）电力

非洲大陆供电严重不足，不仅严重影响民生，也对其经济发展造成负担。目前，非洲超过6.45亿人口完全没有电力供应。撒哈拉以南的非洲地区居民人均能源消耗量为各大洲最低，每年仅消耗181千瓦时，而欧洲和美国则分别是6500千瓦时和13000千瓦时。非洲各国电气化水平超过30%的只有南非、埃及、突尼斯、利比亚、阿尔及利亚、摩洛哥、津巴布韦、毛里求斯、加纳、科特迪瓦、尼日利亚等国，许多国家电气化程度还不到10%。近年来，虽然非洲经济发展迅速，但每年由于电力能源短缺而造成的GDP损失仍高达1%—4%。据估计，2015—2030年，为实现电能普及，非洲每年需要300亿美元的投资。

比较而言，北非国家的电力基础设施情况相对较好。摩洛哥（第46位，也是非洲唯一排名在全球前50位的国家）、突尼斯（第60位）、埃及（第63位）的电力基础设施都相对较好。在撒哈拉以南的非洲国家中，纳米比亚（第51位）、毛里求斯（第52位）、塞舌尔（第66位）的电力供应基础设施排名相对靠前。有24个非洲国家排名在全球100

位之后，其中，刚果（金）（第130位）、贝宁（第131位）、马达加斯加（第132位）、马拉维（第133位）、尼日利亚（第136位）的排名位于全球最低水平。

（二）通信

相对而言，非洲移动通信普及率较为理想的国家不在少数，塞舌尔（第10位）、博茨瓦纳（第14位）、毛里求斯（第26位）、南非（第27位）、冈比亚（第32位）、加纳（第33位）、突尼斯（第50位）7国移动通信普及率的全球排名均在前50位以内。但是，仍有20个非洲国家移动通信普及率排名在全球100位之后，其中，埃塞俄比亚（第133位）、布隆迪（第134位）、乍得（第135位）、马达加斯加（第136位）、马拉维（第137位）排名居于全球最低水平。

在固定电话普及率方面，非洲国家情况相对较差。仅有毛里求斯和塞舌尔两国排名居于全球50位以内，分别排名第35位和第45位；有8个国家排名位于全球第77—95位（佛得角、突尼斯、阿尔及利亚、纳米比亚、埃及、博茨瓦纳、南非、摩洛哥）。另外，有25个国家排名位于全球100位之后，其中，卢旺达（第132位）、乍得（第133位）、尼日利亚

（第 134 位）、马拉维（第 135 位）、几内亚（第 137 位）排名居于全球最低水平。

第二节　非洲的技术成熟度

技术成熟度评估模型涵盖新技术可获得性、企业技术吸收、跨国投资技术转化、互联网普及率、固定宽带普及率、网络带宽、移动宽带普及率等指标，其目的在于评估一国从外部获得、吸收和转化新技术的能力，以及信息的传递和共享能力，由此构成了该国的技术成熟度。

一　非洲国家的新技术获取、吸收和转化能力

新技术可获得性指标所衡量的，是一个国家能够获取新技术的程度。在非洲国家中，南非、肯尼亚、卢旺达、摩洛哥的新技术可获得性指标排名较为靠前，分别为全球第 45、48、49、50 位，说明这些国家获取先进技术的渠道较为通畅，已经建立起相应的获取机制。有 11 个非洲国家排名在全球 51—99 位。大部分非洲国家新技术可获得性排名较低，有 20 个国家排名位于全球 100 位之后，其中，刚果（金）、塞拉利昂、莱索托、利比里亚、乍得 5 国排名全球最低，分别位

于全球第131、133、134、135、136位。

企业技术吸收指标所衡量的，是对象国企业对新技术的吸收能力。在非洲各国中，肯尼亚、南非、塞内加尔、卢旺达、毛里求斯5国的排名在全球50位以内，分别排名第36、38、48、49、50位。有10个非洲国家的企业技术吸收指标排名在全球51—99位。有20个非洲国家企业技术吸收能力排名全球100位之后，其中，埃塞俄比亚、莱索托、乍得、布隆迪、毛里塔尼亚等国位于全球最低水平，分别排名全球第132、133、134、136、137位。

跨国投资技术转移指标所衡量的，是外国投资能够为对象国带来新技术的情况。在非洲国家中，只有肯尼亚和卢旺达排名于全球50位之内，分别为第41位和第45位。大部分非洲国家排名都在51—99位。另外，有16个非洲国家排名在全球100位之后，其中，马拉维、莱索托、津巴布韦、乍得、毛里塔尼亚排名位于全球最低水平，分别排名第129、132、133、134、137位。

二　非洲国家的信息传递和共享能力

从互联网普及率指标看，非洲国家的互联网建设水平十分落后。全非洲大陆没有一个国家的全球排名进入前50位以内，11个国家排名位于71—98位，其中摩洛哥、塞舌尔、南非、毛里求斯属于非洲较好的国家，其排名分别为第71、73、76、79位。24个非洲国家的互联网普及率排名位于全球100位之后，其中刚果（金）、利比里亚、布隆迪、乍得、马达加斯加处于全球最低水平，分别排名于第133、134、135、136、137位。

在固定互联网普及率方面，毛里求斯、塞舌尔在非洲的排名领先，分别位于全球第52位和第57位。有7个非洲国家排名位于全球第80—98位，26个国家排名于全球100位之后。马里、尼日利亚、刚果（金）、几内亚、塞拉利昂排名位于全球最低水平，分别排名第132、133、135、136、137位。在移动互联网普及率方面，加纳、佛得角、博茨瓦纳、纳米比亚情况较好，其全球排名分别为第50、52、54、62位。有9个国家排名位于64—98位，22个国家排名位于全球100位之后。坦桑尼亚、布隆迪、利比里亚、贝宁、埃塞俄比亚排名位于全球最低水平，分别排名于第132、133、134、136、137位。

在网络带宽指标方面，南非排名全球第11位，处于非常领先的位置；肯尼亚和毛里求斯排名也较为靠前，分别位于第58位和第66位；塞舌尔、阿尔及利亚、突尼斯、摩洛哥、佛得角排名位于72—93位。有27个非洲国家排名位于全球100位之后，莫桑比克、塞拉利昂、马里、几内亚、刚果（金）排名于全球最低水平，分别排名第133、134、135、136、137位。

第三节 非洲国家的创新能力

作为创新经济学之父，熊彼特（Schumpeter）认为“创新”包含以下五种方式：（1）引进一种新的产品；（2）采用一种新的生产方法；（3）打开一个新市场；（4）征服或者控制原材料或半制成品的某种新的供给来源；（5）实现任何一种工业的新的组织。[①] 对一国创新能力的评估，主要包括两大部分：一是企业和科研机构情况，包括企业创新能力、企业研发投入、科研机构质量、产学研合作等指标；二是政府及外部条件，包括政府科技采购、科技工作者获得性、PCT专利等指标。

从各国综合创新能力来看，肯尼亚（第37位）、

① ［美］约瑟夫·熊彼特：《经济发展理论——对利润、资本、信贷、利息和商业周期的探究》，叶华译，中国社会科学出版社2009年版，第85页。

南非（第39位）、卢旺达（第44位）、几内亚（第48位）、塞内加尔（第51位）、加纳（第57位）、毛里求斯（第63位）等国的排名在非洲国家中较为领先，非洲近年来出现的创新中心和企业也都基本在上述国家产生。同时，有15个非洲国家的综合创新能力排名在全球100位之后，其中，马拉维、塞拉利昂、乍得、津巴布韦、毛里塔尼亚排名居于全球最低水平，分别为第124、125、129、132、136位。

一 非洲的企业和科研机构创新能力

在非洲各国中，几内亚、南非、肯尼亚、贝宁、卢旺达的企业创新能力指标排名在全球前50位以内，分别位于第13、30、38、47、50位。有12个非洲国家的企业创新能力指标排名在全球51—99位，其中喀麦隆、毛里求斯、塞内加尔的排名也相对靠前，分别为第52、54、55位。此外，有18个非洲国家的企业创新能力指标排名在全球100位之后，其中，马拉维（第128位）、莱索托（第130位）、津巴布韦（第131位）、乍得（第135位）、毛里塔尼亚（第137位）5国企业创新能力指标全球排名最低。

在企业研发投入方面，南非（第32位）、肯尼亚（第36位）、加纳（第42位）、几内亚（第47位）、毛里求斯（第49位）均排名全球前50位以内。在15个排名全球51—99位的非洲国家中，塞内加尔、纳米比亚、卢旺达、埃塞俄比亚等国的排名较为靠前。有15个非洲国家排名于全球100位之后，其中，乍得、贝宁、冈比亚、津巴布韦、毛里塔尼亚等国排名位于全球最低水平，分别为第121、128、129、131、136位。

在科研机构质量方面，南非、塞内加尔、肯尼亚分别排名于全球第42、44和45位，在非洲处于领先地位。有15个国家排名位于全球62—99位，其中马里、卢旺达和坦桑尼亚排名较为靠前，分别为全球第62、68和69位。有17个非洲国家排名在全球100位之后，其中，莫桑比克、几内亚、毛里塔尼亚、利比里亚、塞拉利昂排名居于全球最低水平，分别为第124、126、129、130和131位。

在产学研合作方面，几内亚、南非、肯尼亚、埃塞俄比亚4国排名在全球第14、29、32、47位，在非洲处于领先地位。有16个非洲国家排名位于全球51—99位，其中乌干达、塞内加尔、卢旺达、坦桑尼亚、加纳等国排名较为靠前。有15个非洲国家排名位于全球100位之后，其中，阿尔及利亚、乍得、津巴布韦、尼日利亚、冈比亚排名位于全球最低水平，分别为第125、128、131、133、135位。

二　非洲国家创新能力的外部条件

在政府对科技产品和服务的购买方面，应当说非洲很多国家的政府做了大量工作。卢旺达、布隆迪、几内亚、肯尼亚、冈比亚、博茨瓦纳、加纳、塞舌尔、埃塞俄比亚、马里、塞内加尔、乌干达这12个非洲国家均排名于全球50位以内，分别为第7、12、13、21、27、30、35、36、45、47、48、49位。有16个非洲国家排名在全球51—99位，其中坦桑尼亚、赞比亚、南非、毛里求斯、埃及等国排名比较靠前。尼日利亚、马达加斯加、马拉维、乍得、突尼斯、刚果（金）、津巴布韦7国排名全球100位之后。

在科技工作者可获得性方面，非洲国家则明显处于劣势。仅有肯尼亚（第41位）和突尼斯（第43位）排名于全球50位以内。有16个非洲国家排名位于全球51—99位，其中，埃及、卢旺达、乌干达等国的排名比较靠前。有17个非洲国家排名位于全球100位之后，塞拉利昂、莱索托、利比里亚、几内亚、毛里塔尼亚排名处于全球最低水平，分别为第127、129、132、133、137位。

PCT是《专利合作条约》（*Patent Cooperation*

Treaty）的英文缩写，是有关专利的国际条约。根据PCT的规定，专利申请人可以通过PCT途径递交国际专利申请，向多个国家申请专利。在国际专利申请方面，大部分非洲国家都处于劣势。塞舌尔、南非、毛里求斯的国际排名比较靠前，分别为第38、49、60位。有23个非洲国家的排名都在全球100位之后，其中，刚果（金）、博茨瓦纳、佛得角、马拉维、贝宁、莫桑比克、布隆迪、乍得、莱索托、利比里亚、几内亚11国都没有PCT专利申请。

不难看出，在基础设施和技术成熟度达到一定水平前，非洲国家通过发展制造业实现工业化的路径必然会面临诸多挑战，但单纯依靠低水平的经济发展结构，又很难从其国内获得加强基础设施建设、提升技术水平所需的大量资金。从上一章对非洲国家政府及治理体系的评估结果看，仅有少数国家能够很好地平衡其国民收入与相关基础设施投资、技术投入之间的关系。在信息技术突飞猛进的今天，科技进步给很多国家提供了弯道超车的机会，创新成为国民经济发展的重要动力。在实践中，部分非洲国家已经具备了一定的创新能力，非洲科技中心、信息中心不断出现，成为非洲经济发展的亮点。然而必须看到，大部分非洲国家的创新能力还非常落后，难以搭上科技腾飞的快车。

第六章　非洲的人力资源

第一节　非洲人力资源的现状及特点

国家和地区的人力资源特点对当前经济社会的发展有重大影响，在以智能制造为主要内容的工业 4.0 加速发展、全球产业链重新分工布局的背景下，各国人力资源情况更是与其未来发展潜力息息相关。

一　非洲人力资源的总体情况

与欧美及亚洲等其他地区相比，非洲国家的人力资源情况相对较差。世界经济论坛 2017 年 5 月发布的《全球人力资源报告 2017》指出，全球范围内的人力资源开发利用率为 62%，其中北美为 74%、西欧为 71%、中东欧为 67%、亚太为 66%、拉美和加勒比为 60%、中东北非为 56%、南亚为 54%、撒哈拉以南非洲为53%。本报告将分析非洲人力资源的综合特点及非洲主要经济体国家和部分排名靠前的中小经济体国家人力资源情况。

按照世界经济论坛的综合评价，非洲国家在全球130个国家中的排名基本均在末位，其中排名最为靠前的10个非洲国家为卢旺达、加纳、喀麦隆、毛里求斯、肯尼亚、赞比亚、乌干达、南非、博茨瓦纳、埃及，其排名分别为第71、72、73、74、78、80、81、87、91、97位。而全球排名最后的10个国家则基本为非洲国家。总体而言，非洲人力资源情况有以下特点。

一是人力资源能力较低。根据世界经济论坛的评估模型，人力资源能力的评估指标包括识字和就业能力、初等教育参与率、中等教育参与率、高等教育参与率4项。非洲国家在人力资源能力方面的平均得分为47.24，在全球130个国家中平均排名第106位，其中排名前3的国家为南非、加蓬和毛里求斯，其排名分别为第65、70和78位。

二是就业指数相对较高。就业情况的评估指标包括劳动力参与率、就业性别差异指数、失业率以及不完全就业率4项。非洲国家在人力资源方面的平均得分为66.09，在全球的平均排名为第62位。

其中，在全球排名前 20 位的国家包括布隆迪、卢旺达、乌干达、几内亚、贝宁、加纳、喀麦隆、马拉维、塞拉利昂、利比里亚，其排名分别为第 1、2、3、5、8、11、13、15、16、20 位。

三是发展基础相对薄弱。发展基础评估指标包括初等教育入学率、学校质量、中等教育入学率、性别差异、职业教育入学率、高等教育入学率、毕业生技能多样性、教育系统质量以及员工受训程度 9 项指标。非洲国家人力资源发展基础的平均得分仅为 50.74，排名最为靠前的国家为卢旺达、喀麦隆和加纳，排名分别为第 93、95、96 位。

四是知识水平普遍偏低。知识水平评估指标包括高等技能劳动者比例、中等技能劳动者比例、经济复杂程度、技能劳动者可获得程度 4 项指标。非洲国家在知识水平方面平均得分为 45.95。排名最靠前的前 3 个国家埃及、贝宁、毛里求斯，其排名分别为第 50、52、68 位。

由此可见，非洲的人力资源情况已经与其经济发展之间出现了不匹配现象，一方面，高速增长的经济需要大量具备一定经验和技能的人力资源作为支撑；另一方面，非洲很多国家面临着人力资源不足、劳动者素质亟待提升、高素质/高技能人才匮乏等方面的挑战。

二 非洲主要经济体国家人力资源情况

在主要经济体中，南非的人力资源情况最好。南非的人力资源综合评价得分为58.09，在非洲排名第9位，全球排名第87位。在人力资源能力方面，南非15—24岁人群识字和就业能力排名全球第64位，初级和中级教育参与率排名全球第74位和第81位；25—54岁人群识字和就业能力排名全球第41位，初级和中级教育参与率排名全球第79位和第69位。在就业指数方面，南非表现较为突出的是就业者性别差异和不完全就业率，其中15—24岁人群就业和性别差异指标排名全球第63位，不完全就业率全球第37位；25—54岁人群就业和性别差异指标排名全球第65位，不完全就业率全球排名第44位。在人力资源发展指标方面，南非表现较为突出的是0—14岁人群中等教育入学率和性别差异指标，分别排名全球第23位和第1位；此外，其毕业生技能多样性全球排名第63位。在知识水平指标方面，南非高技能人才比例和经济复杂性指标全球排名分别为第59位和第52位，在非洲国家中较为领先。

埃及在非洲国家中也拥有相对较好的人力资源情况。在人力资源能力方面，埃及表现较好的是中、高等教育参与率，其15—24岁人群中等教育参与率排名全球第43位，25—54岁人群中高等教育参与率分别排名全球第61和47位。在就业指标方面，其15—24岁和25—54岁人群不完全就业率指标分别排名全球第51位和第53位。在人力资源发展指标方面，埃及0—14岁人群初等教育入学率和中等教育性别差异指标分别排名全球第29位和第1位；15—24岁人群职业教育参与率和毕业生技能多样性指标分别排名全球第27位和第29位。在知识水平指标方面，埃及高技能人才比例和经济复杂性指标分别排名全球第37位和第57位。

尼日利亚虽然经济体量较大，但其人力资源发展较为滞后。在能力指标方面，尼日利亚0—15岁人群和24—54岁人群中等教育参与率仅排名全球第70位和第81位。在就业指标方面，该国高龄人群就业情况较好，例如其55—64岁以及65岁以上两类人群的劳动力参与率分别排名全球第40位和第17位，远高于15—24岁、25—54岁人群的第90位和第117位。在发展指标方面，尼日利亚各项指标均排名于100位之后，乏善可陈。在知识水平指标方面，尼日利亚仅中等技能人员比例排名为第30位，其余指标在非洲都排名靠后。

三　部分中小经济体人力资源情况

在非洲的中小经济体国家中，人力资源优势表现比较突出的是喀麦隆、卢旺达、肯尼亚和加纳4个国家，该4国在能力、就业、发展和知识4项指标方面均有3项以上位列非洲前10位。

喀麦隆的上述4项指标均进入非洲前10位。其中能力指标位于非洲第7位，全球第88位；就业指标位于非洲第7位，全球第13位；发展指标位于非洲第3位，世界第95位，知识指标位于非洲第10位，世界第82位。在其各项指标中，表现最为突出的包括：劳动力参与率（15—24岁、25—54岁、55—64岁以及65岁以上各人群分别排名全球第33、22、11、9位）、就业者性别差异（15—24岁、25—54岁、55—64岁以及65岁以上各人群分别排名全球第47、50、9、5位）、失业率（15—24岁、25—54岁、55—64岁以及65岁以上各人群分别排名全球第23、36、20、10位）、0—14岁初级学校质量（全球排名第55位）、中等技能就业者份额（全球排名第16位）、技能劳动者可获得程度（全球排名第39位）。

卢旺达在就业、发展和知识指数方面均进入非洲前10位。其中，就业指数位于非洲第2位，全球第2位；发展指标位于非洲第1位，全球第93位；知识指标位于非洲第9位，全球第77位。在其各项指标中，表现最为突出的包括：劳动力参与率（15—24岁、25—54岁、55—64岁以及65岁以上各人群分别排名全球第9、2、6、15位）、就业者性别差异（15—24岁、25—54岁、55—64岁以及65岁以上各人群分别排名全球第1、1、4、8位）、失业率指标排名全球第7位、0—14岁中等教育性别指标排名全球第1位、15—24岁职业教育入学率排名全球第44位、15—24岁教育系统质量排名全球第42位、员工培训程度排名全球第53位、中等技能就业者份额全球排名第8位。

肯尼亚在能力、发展和知识指数方面均进入非洲前10位。其中，0—14岁中等教育性别差异指标排名全球第1位，15—24岁毕业生技能多样化和教育系统质量分布排名全球第38和32位，员工培训程度全球排名第41位，中等技能就业者份额全球排名第15位，技能就业者获得性指标全球排名第25位。

加纳在能力、就业和发展指标方面均进入非洲前10位。其中，15—24岁、25—54岁、55—64岁以及65岁以上各人群中等教育参与指标排名全球第

56、65、56、53 位，劳动者参与率全球排名第 37、14、10、11 位，就业者性别差异指标全球排名第 1、12、15、11 位；0—14 岁中等教育性别差异排名全球第1 位；15—24 岁毕业生技能多样化指标和教育系统质量指标全球排名第 53 和 54 位；员工受教育程度全球排名第 62 位；中等技能就业者份额全球排名第 8 位。

从以上分析不难看出，非洲在面对工业化和现代化发展挑战的同时，也必须应对人力资源缺乏带来的困境。相对于土地、资本、技术、管理等其他生产要素而言，人力资源的形成周期更长、所需条件更为复杂。从某种程度来说，在工业 4.0 背景下，人力资本匮乏更容易形成非洲发展的瓶颈和短板。需要指出的是，相对于非洲主要经济体，部分中小经济体国家的人力资源表现更佳，在非洲大陆形成了市场空间与人力资源互补的独特格局。对于广大中国投资者来说，希望在非洲获得长期的成功，应当加强对人力资源的关注，根据业务发展需要，增加相应的培训投入，既解决企业自身面临的问题，也能为当地社会发展作出积极贡献。

第二节　非洲的教育、培训及未来挑战

从人口角度而言，撒哈拉以南的非洲是世界上最年轻的大陆。目前，撒南非洲 25 岁以下人口占其总人口的 60%，而到 2030 年，在全球 25 岁以下人口中，撒南非洲将占 1/4 以上。目前撒南非洲工作年龄人口占全球 13%，仅次于亚洲，至 2030 年这一比例将上升至 17%。

在今后十余年中，撒南非洲工作人口增长幅度高于全球其他地区，因此，面向未来的教育与培训不仅对该地区非常重要，也关系到全球未来的总体就业格局。如果能够妥善应对当前在就业与教育培训方面的挑战，撒南非洲将通过工业化及劳动力市场等途径发挥其人口潜力，显著提升劳动生产率和人均收入，实现经济多元化和强劲增长。

一　人口增长及教育能力带来的主要挑战

对于非洲大陆而言，人口增长与教育规模之间仍然存在巨大鸿沟。至 2030 年，非洲工作年龄的人口将由 3.7 亿人增加至 6 亿人，这意味着中等教育的覆盖规模需要由 2010 年的 36% 上升至 52%，这无疑给

非洲的教育发展带来巨大挑战。从知识和经验的代际传承来看，师徒相传仍然是非洲非正规教育的主要方式，有数百万人仍然在这种方式下获得就业技能。虽然近年来，很多非洲国家加大了对基础教育的投入，根据非盟通过的《2016—2025 非洲教育战略》，非洲小学入学率由 10 年前的 59% 上升为 79%，相当于 144 万非洲儿童进入小学阶段教育。但非洲的中高等教育率仍然偏低，中学入学率下降至 50%，而高等教育入学率则不足 7%。此外，非洲高等教育仍然无法达到国际水平，这也是很多跨国企业无法寻求适用的人力资源的重要原因。

虽然在尼日利亚、博茨瓦纳、贝宁、乌干达、马拉维和莫桑比克等国家，年轻一代的教育水平已经显著超过了年长一代，这无疑形成了未来发展的潜力，但由于撒南非洲的就业率在过去 10 年的增长无法与人口增长率相匹配，这就导致了年轻人的就业岗位相对较少。此外，由于撒南非洲的企业规模普遍较小，无法为员工提供技能提升的培训资源。大量人员在非正式经济领域（如家庭农场或城市小作坊等）就业也影响了人力资本的积累。

近年来，非洲很多人口大国如尼日利亚、埃塞俄比亚、南非、肯尼亚、坦桑尼亚和乌干达，都保持了较快的经济增长和较高的经济活跃程度，其中南非和肯尼亚的经济多元化程度较高。然而，虽然经济增长速度较高，撒南非洲高技能人才职位却仅为6%，远低于全球平均24%的水平。在撒南非洲，高技能人才的主要职业包括商业分析员、教师、学者、金融从业人员、会计师、人力资源师、市场运营专家、客服专家、广告及营销专家、信息和软件技术工程师等。在南非、毛里求斯和博茨瓦纳等国，高技术人才比较容易招聘，而其他国家则相对较难。

二　工业4.0带来的主要挑战

除了快速城市化及基础设施建设，以及由于人口增长带来的如农业、食品和饮料、家庭和个人护理、服装、运输以及汽车等行业发展创造就业机会外，如移动支付、现代化物流、智能制造等工业4.0领域的发展也同样对非洲的就业市场造成巨大冲击。据统计，南非有41%的工作岗位都会受到影响，这一比例在埃塞俄比亚、尼日利亚、毛里求斯、肯尼亚和安哥拉分别为44%、46%、48%、52%和53%。然而相对全球其他地区而言，由于工资水平较低、技术应用缓慢，这种影响的速度和程度相对较小。

从全球其他地区的发展经验看，工业4.0对非洲的未来影响深远而复杂。例如数据挖掘和分析方面，将对计算机科学、信息工程以及适应数字化技术的专业人员产生大量需求；再如精密制造方面，数字机械工程师、业务运营数据分析师，以及结合了深刻的行业知识、用最新的分析工具制定商业策略、能够提供友好的用户界面专家和实现无缝的人机交互专家也将是未来的就业热门。

新能源和互联网技术的发展也将对非洲未来的就业带来影响。根据世界经济论坛预测，到 2025 年，在清洁能源发电、能效控制、污染管理等方面，仅在南非就将新增 46 万余新的工作岗位，在毛里求斯、纳米比亚、肯尼亚、塞内加尔、乌干达和赞比亚等国，这一趋势也非常明显。同样，在线工作平台也将深刻改变非洲企业的管理和运营模式，并带来新的机遇。预计到 2025 年，各领域在线工作平台的创建可以为肯尼亚新增就业岗位 53 万个、创造 GDP 30 亿美元，为南非新增就业岗位 86 万个，创造 GDP 200 亿美元，为尼日利亚新增就业岗位 190 万个，创造 GDP 200 亿美元。

然而，反观非洲的高技能人才现状，可以发现其间仍然存在巨大的鸿沟。如前文所述，非洲仅有 7% 的人能够接受高等教育，而其中 35% 分布在法律、商业、管理、金融、营销和人力资源等领域；40%分布在科学、技术、工程和数学（STEM）和信息通信技术（ICT）领域，包括制造和建筑（16%）、信息和通信技术（11%）、自然科学及数学（11%）。在信息和通信技术领域，非洲大量高技能人才集中在开发、维护等方面，但软件、硬件工程和人工智能方面的人才屈指可数。

第三节　有关合作建议

从2000年以来中国对非投资的发展历程来看，国际大宗商品价格高企和基础设施建设高潮的出现，带动了大量中国企业向撒南非洲能源矿产和基建领域大量投资。然而，由于国际市场能源矿产产品价格提振不力，以及财政收入减少和负债增加，上述两大领域对非洲国家经济发展的促进作用也在下降。随着智能制造的兴起和全球制造业的重新整合，非洲劳动密集型制造业发展遭遇了新的困境，这也为中国对非制造业投资带来了障碍。

从欧美发达国家对撒南非洲的投资趋势看，目前金融、高新技术领域日益成为“风口”，非洲互联网金融领域创业公司自2015年以来已经收到了超过1

亿美元的融资，以非洲为业务重心的金融科技创业公司在2016年获得约7000万美元融资，高新技术领域企业获得各类风险投资则高达近3亿美元。著名投资机构Orange Digital Ventures、硅谷的Y Combinator、Soma Capital、Social Capital及旧金山的Lynett Capital等都在撒南非洲开展相应的投资业务。

从本报告的分析不难看出，在未来的10余年中，撒南非洲将面临就业增长和教育能力与人口激增之间的巨大鸿沟，高技能人才匮乏趋势将日益明显。因此，中国对非投资也需要顺应趋势，进行相应调整。

一是聚焦价值链高端，合理布局投资结构。由于新技术的快速应用，全球范围内的价值链重构也将影响非洲。在能矿开发领域，应更注重环保、新能源和可持续发展技术发展投资；在基础设施建设领域，应重视产业基地/园区、港口、交通枢纽的互联互通及智能交通技术应用；在金融领域，应重视金融科技和移动支付技术发展；加大互联网、物联网、大数据等新技术在服务业应用方面的投资，重视旅游业及其服务产业投资和新兴商业模式投资。

二是重视高端人才获取，加强职业技术培训。在新兴技术和产业发展冲击下，非洲本土高端人才的价值创造能力将更加凸显，短时期内西方企业对非洲本土高端人才的控制和争夺将加剧。在此情况下，中资企业应加快完善人力资源机制，获得更多高端人力资源。同时，针对非洲职业教育培训不足，众多与民生相关就业大量增加的情况，应及时调整援助及优惠贷款支持方向，更多地支持职业教育培训等“软性”项目，引导商业投资向人力资源领域投入。

三是加强与发达国家合作，实现多方互利共赢。中国与欧美发达国家在非洲固然存在竞争，但更多是互补。因此，应加强中欧非、中美非等合作，发挥各方优势，在市场渠道、技术应用、投资融资、标准实施等各方面充分发挥各方优势，以竞争替代合作，共同实现非洲的未来发展。

第七章　非洲的粮食危机及应对

20世纪90年代以来，农业技术进步及推广、农业生产组织形态的进化以及广大农村地区的发展在全球范围内广泛发生，许多国家的农村转型使7.5亿多农村人口摆脱了贫困。已成为国际社会共识的《2030可持续发展议程》中明确提出："到2030年时，消除饥饿，让所有人，特别是穷人和境况脆弱者，包括婴儿，全年都有安全、营养丰富和足够的食物。"

然而，这一目标仍然面临着巨大挑战。据联合国粮食和农业组织《2017世界粮食安全和营养状况报告》指出：全球长期食物不足人口数已经从2000年的约17亿人减少至2015年的7.77亿人，但2016年则增加至8.15亿人；全球仍有1.55亿5岁以下儿童发育迟缓，其中5200万儿童处于消瘦和饥饿状态；冲突、干旱和洪水等因素严重影响着全球粮食安全状况。

由于非洲处于全球产业链和价值链的低端，在近年来的全球经济增速放缓影响下，非洲的粮食安全状况出现恶化趋势。本报告分析了非洲粮食危机的情况和应对策略。

第一节　非洲的粮食危机及挑战

一　非洲粮食安全状况不容乐观

从近年来的情况看，非洲要实现粮食安全目标仍然面临巨大挑战，其现实状况不容乐观。

其一，非洲是全球食物不足情况最为严重的地区。2014—2016 年，全球食物不足发生率分别为 10.7%、10.6% 和 11%。其中北美和欧洲该项指数均小于2.5%，亚洲为11.9%、11.6%和11.7%，拉美及加勒比地区为6.3%、6.3%和6.6%。同期，非洲食物不足发生率则为 20.4%、20.8% 和 22.7%，远高于全球其他地区。2016 年，全球有 6.89 亿人处于重度粮食不安全状态，其中非洲和亚洲分别为 3.33 亿人和 3.07 亿人，但从重度粮食不安全人口发生率来看，非洲为 27.4%，居全球首位，而亚洲则仅为 7%。

其二，多数粮食安全情况严峻的国家集中在非洲。

全球范围内，食物不足人数在总人口中所占比例30%以上的国家多数集中在非洲。其中，马达加斯加（42.3%）、卢旺达（41.1%）、乌干达（39%）、坦桑尼亚（32.3%）、赞比亚（45.9%）、津巴布韦（44.7%）、中非共和国（58.6%）、乍得（32.5%）、利比里亚（42.8%）、塞拉利昂（30.9%）等都是粮食缺口较大的国家。而在全球其他地区，仅有少数国家该项指数在30%以上，例如朝鲜（40.8%）、海地（46.8%）等。

其三，非洲受冲突影响的国家数量全球居首。从全球范围看，战乱和冲突是目前造成粮食危机最主要的原因。根据联合国定义，受冲突影响的国家是“连续5年中某一时间段里受冲突影响，并在该时间段内出现500例以上战争相关死亡人数的中、低收入国家”。根据此定义，全球有45个国家属于此范畴，非洲国家占到24个，其中，布隆迪、中非共和国、乍得、尼日利亚、马里、利比亚、南苏丹、苏丹等国均不同程度地受到内战或恐怖主义的侵扰，从而导致较大范围的粮食危机。

二　战乱冲突、气候变化和非洲粮食危机

非洲之所以成为全球粮食安全情况最为严峻的地

区，一方面是因为非洲战乱冲突较多，容易造成人道主义危机；另一方面，大部分非洲国家农业发展水平较低、相关基础设施落后，从而导致气候变化对粮食作物产量影响很大。在天灾和人祸叠加的情况下，粮食危机更加容易出现。

首先，冲突将导致农业生产被破坏，粮食大幅减产。例如，中非共和国已经持续数年处于冲突状态，导致农作物、畜牧业和捕鱼业被严重破坏。尽管各武装团体于 2015 年达成了和平协议，但农业生产恢复进展缓慢。2015 年，中非共和国的谷物产量比 2008—2012 年的平均水平减少了 70%，其主要经济作物棉花和咖啡也大量减产。在刚果（金），持续的武装冲突导致农业及相关基础设施投资停滞，造成目前约 590 万人处于粮食短缺状态。

其次，冲突导致大量难民流离失所，加重了粮食危机。过去 5 年中，全球有 15 起较大冲突爆发，其中 8 起发生在非洲——布隆迪、中非共和国、科特迪瓦、刚果（金）、利比亚、马里、尼日利亚、南苏丹，这些冲突都导致大量难民涌入周边国家，带来粮食危机。索马里持续的战乱状态也导致大量难民逃亡埃塞俄比亚和肯尼亚，造成该地区粮食供应紧张。

再次，冲突会打乱国民经济的正常秩序。例如在南苏丹的武装冲突中，交战各方往往将粮食作为作战武器，封锁贸易线路，导致粮食供应下降、物价飞涨。2016年10月，南苏丹通货膨胀率高达836%。2016年7月朱巴地区的武装冲突导致南苏丹南部至乌干达运输线路受阻后，该国粮价在短短一个月之内上涨了1倍，比2015年上涨了近10倍。

最后，气候变化导致资源争夺加剧，同时带来农业减产。例如2012年马里发生了严重的干旱，导致大量牛羊死亡，约30万人陷入粮食危机，这直接导致了叛军队伍的扩大和当地冲突的加剧。在肯尼亚、埃塞俄比亚和乌干达，气候变化导致了当地牧场面积减少，由于部族之间的纷争，当地牧民的放牧场所急剧缩小，这反过来又导致了牧区生态环境的恶化，严重影响当地畜牧业的发展。

三　非洲农业转型之困

除了战乱冲突和气候变化外，非洲很多国家的农业生产和发展模式亟待转型，目前主要面临以下挑战。

其一，非洲的工业化水平较低，高速城市化的同时并未产生相应的现代制造业和服务业，这就导致农业农村人口无法通过转移就业部门实现脱贫。自20

世纪 90 年代以来，撒哈拉以南非洲的贫困率几乎没有变化，贫困人口数量甚至有所增加，大量的农村贫困人口变成了城市贫困人口。同时，工业化滞后也造成农业机械化和现代化的发展困难。

其二，小农户和家庭农场生产模式很难保障粮食安全。目前，撒南非洲小农户和家庭农场占其粮食供应的 80% 左右。由于规模小、分布散、水平低，这种生产模式很难适应现代化农业发展需要。同时，由于粮食供应链下游由外资控制的大型加工和零售企业控制，小农户和家庭农场处于弱势地位，无法获取有效利润以支撑其长期发展。

其三，既有农作系统需要改良。目前非洲很多国家存在农业投入产出比较低的现实问题，同时畜牧业的排泄物也无法得到妥善处置。在应对气候变化、增加投入产出比以及提高农业生产效率等方面，需要继续加强基础设施和农业科技投入，以确保既有农作系统得到转型升级。

第二节　非洲粮食危机的应对

一　应对冲突带来的非洲粮食危机

除了提供粮食物资援助之外，国际社会也采取了大量措施，帮助非洲战乱冲突地区解决粮食短缺困难和危机。

其一，解决冲突地区的基本生计问题，并恢复当地自救自助能力。世界粮食计划署的“利比里亚生计资产恢复计划（2009—2012年）”，目的是帮助农村社区建设和重建灌溉系统、道路以及农产品加工设施。这一计划提高了农业生产率和粮食供应量，增加了农户的收入和粮食。为应对索马里2011年的饥荒，粮农组织大幅扩大了为索马里中部和南部提供的“以劳动换现金”干预项目，一系列旨在增强弱势群体抵御能力的活动，为几千个家庭提供了支持。

其二，重视解决资源配置的协商机制。“苏丹西部资源管理计划”由国际农业发展基金资助，该计划旨在建立一项高效、公平、环保的自然资源治理结构，以减少该国五个目标地区中游牧社区和定居社区及农民之间有关自然资源的纠纷。由联合国多个机构共同推动的南苏丹阿卜耶伊地区的“安全风险管理进程”，为该地区的丁卡人和米塞里亚人提供兽医服务和疫苗接种服务，有效地促进了社区间对话的重启，最终促使达成了一项地方和平协议。

其三，将短期援助与长期发展有机结合，形成农业发展长效机制。2007年，乌干达北部“圣灵抵抗军”撤退后，国内流离失所者逐渐返回家乡。由乌政府主导的“乌干达北部和平、重建和发展计划”在维持和平和促进重建方面发挥了重要作用。例如，“乌干达和平和重建基金”和“多国复员和重新融入社会计划”共获得5150万美元的捐赠款项；世界银行为“乌干达北部社会行动基金”第一期和第二期各提供了1亿美元的信贷。乌干达政府将农业确定为冲突后重建的一项重点，多个组织为国内流离失所者和原参战人员提供了支持，通过提供种子、工具等农资，补充畜群以及以劳动换现金、以工代赈等计划，帮助恢复生计。

二　非洲农业转型的应对策略

面对非洲农业现代化转型的挑战，政府、企业等当前应着重考虑在几个方面加强合作。

其一，建设农业农村发展平台，将基础设施和政策配套有机结合起来。目前比较成型的平台实施方式包括农业走廊、农业集群、农业产业园、农业经济特区和农业企业孵化器。不同的平台有着不同的侧重和作用，例如，农业走廊的主要特点是大规模整合基础设施建设、政策法规框架、制度强化和粮食系统举措，这样的走廊可以绵延数千公里，利用大量城镇作为农业产业活动的枢纽；农业集群也提供基础设施，但对骨干基础设施的投资比农业走廊少得多。

其二，重视中小城镇建设和发展。在农村和城市之间，存在着从大城市到大型区域中心、集镇再到偏远农村的各种城乡形态。发展中国家大部分城市相对较小，其城市总人口的50%左右即近15亿人居住在50万居民以下的城镇；同时，小城镇占城市粮食需求的60%左右，因此在农村转型过程中，小城镇将发挥着与大中城市同等重要的作用。尤其对于存在着大量城市贫困人口的非洲国家而言，发展中小城镇对于化解“大城市病”，疏解中心城市负担，以及实现城乡联动等方面有着极其重要的作用。

其三，抓住城市膳食结构转型升级机遇，形成完善的农业价值链体系。非洲的城市化进程刺激了对粮食的需求，也带来了膳食结构的转变，从谷物、根茎类主粮转向鱼、肉、蛋、奶制品、水果和蔬菜以及各类精深加工食品。在此背景下，需要不断加强粮食系统的贸易、加工、包装、流通和仓储等非农产业的发展，促使城市成为不断增长的非农农村经济的枢纽，并使农村成为小型农业企业的孵化器，这些企业将构成快速扩大的供应链和多元化经济的组成部分。

其四，加强农业机械化和科技投入，支持小农户更好地嵌入现代化农业体系。农业机械化能够大幅提高土地利用率和其他农业投入的产出，是小农经济转型发展的必由之路。同时，对于非洲国家而言，广大的小农户和家庭农场急需获取提高其生产率和增加收入所需的创新、技术、知识和信息，并且能够及时更新农作系统以适应气候变化带来的挑战。

综上而言，非洲的粮食危机问题既有战乱冲突的原因，也有农业现代化转型的挑战，同时也与城市化和工业化发展息息相关，一方面任重而道远，另一方面蕴含着大量机遇。解决非洲的粮食问题，需要非洲国家和国际社会的共同努力，同时也是中非合作的重大课题。

结论和建议

随着十多年来中非关系的快速发展，非洲与包括中国在内的亚洲国家经贸联系的日益紧密，不少非洲国家开始涌动一股“向东看”的政策热潮，非洲国家普遍看好与中国合作的前景。[①] 在近年来的中非经贸合作中，贸易和基础设施建设成为两大亮点。从国际关系角度来说，中国与非洲在经贸合作方面突飞猛进的发展，的确使得中非关系更加密切，为中非命运共同体的建设和未来发展奠定了坚实的基础。

然而，正是基于对“命运共同体”这一概念的深入思考，我们也不难发现其中存在的重大挑战。在第二次世界大战以后所形成的国际经济格局中，消费

---

① 张忠祥：《当前非洲经济转型的特点》，《上海师范大学学报》（哲学社会科学版）2016 年第 2 期，第 121 页。

国—生产国—资源国的三级格局并未发生根本性变化，其中消费国掌握着全球财富的关键，处于全球价值链的顶端，而资源国则处于其末端。中国目前处于生产国的顶端，而非洲的绝大多数国家则处于资源国的位置。

在此前全球经济的发展过程中，有三大历史性的进程值得关注：一是德国和日本在战后迅速发展，并成功跃升进入消费国的水平；二是韩国等亚洲四小龙的快速进步，部分国家和地区从生产者变为消费者，步入发达经济体行列；三是中国成为目前全球最大的生产国。在这些历史进程的背后，有大量的发展经验值得总结和借鉴。

紧随其后的问题是，通过中非合作，能否重复上述进程，使得部分非洲国家从资源国转变为生产国？在此前的中非经贸合作中，虽然很多非洲国家扩大了出口，但其出口商品结构却并无变化，相反贸易逆差的扩大带来了中国与部分非洲国家之间的贸易摩擦。中国大量投资非洲基础设施建设，虽然修建了很多交通、水利、电力、房建、市政等方面的重大工程，但其综合效应的发挥却效果欠佳，反而引发了很多与当地居民和社区的矛盾，并招致了西方国家关于非洲债务上升的攻击。

通过本报告的研究和分析不难得出结论，非洲国家要想从资源国升级为生产国，需要改善和提升的因素并不仅是贸易和基础设施，其治理环境、技术吸收、人力资源等因素都会成为制约其发展的短板，并且粮食危机更会中断其发展进程。从这个角度而言，中国也应该进一步思考与非洲的合作模式及重点等问题，推出更加全面的中非合作举措。

其一，重视非洲治理环境的改善。从中国的发展经验看，招商引资和反腐败可以成为中非治国理政经验交流的重点，这一方面解决了帮助非洲国家了解“怎么干”的问题，同时也帮助其解决“干得好”的问题。在安全环境方面，西方国家在非洲加强军事存在，甚至强权干预非洲国家内政的做法并不可取，但也可以尝试在警务合作以及社会治安综合治理方面提供“中国方案”，这不仅对于非洲国家而言是雪中送炭，也有利于保护中国在非洲的投资权益。在公司治理层面，中国鼓励制造业和科技创新企业发展的经验无疑能给很多非洲国家提供借鉴。

其二，应当增加中国对非投资中的技术含量。大量中非合作的成功案例表明，能够通过投资适宜地向非洲国家提供技术方案的项目，基本取得了较好的效果。应当指出的是，过分强调基础设施的高、精、尖程度，往往“水土不服”，与其如此，倒不如实施一些更加适合当地经济社会发展程度的项目，并重视相应的技术转移和培训。在制造业技术转移方面，一个成功项目往往需要大量的配套条件才能顺利开展，这些配套条件都应该在项目实施前予以统筹考虑。值得注意的是，发达国家已经开始快速占领非洲的高新技术领域，其中最为关键的，是对非洲高端人才的吸引和垄断，中国政府和企业应该尽早意识到这一问题，否则在今后的合作中会遇到瓶颈和障碍。

其三，人力资源的合作应成为重中之重。由于教育和培训具有公益性质，单纯依靠市场机制是无法解决问题的。因此，在政府层面的合作中，与其投入巨资兴建“硬项目”，不如集中资源帮助非洲国家发展教育，尤其是基础教育和职业培训。应该看到，在教育方面的投入要取得成效，需要较长的时间，但这种投入更加贴近非洲民众，而且不解决非洲的人力资源提升问题，中非合作根本无法实现可持续发展，这方面的合作恰恰是政府层面应该重视的。与此相关的，是文化和体育方面的交流合作应该得到重视，因为这些方面的合作能够为非洲民众提供更多提升个人社会地位、实现个人价值的通道和机会，从而增加中非合作的有生力量。归根结底，国际合作是靠人来开展的，应当改变非洲民众“向往西方，但要钱找中国”的惯性思维，注意提升中国在非洲的“软实力”。

其四，更加关注非洲的粮食问题。客观来说，西方国家在关注非洲“吃饱饭”问题上，是更加掌握了话语权的。往往在非洲出现饥荒和人道主义危机的场合，更多看到的是西方的面孔、听到的是西方的声音。在此方面，西方国家不仅提供援助，还有很多非政府组织在一线开展工作。相对来说，中国在此方面还有待提升。笔者在调研中发现，中国关注非洲“商机”的企业不在少数，但却很少有人关心非洲的粮食短缺问题；与此相反，在欧美等国家，则存在大量的公益组织，专门研究如何帮助非洲“吃饱饭”。实际上，随着中国的发展，有意愿从事国际公益事业的人会越来越多，下一步需要更好地引导、支持和规范管理。

其五，应该重视非洲商品和人员进入中国的问题。单纯靠非洲商品的竞争力进入中国市场，对非洲企业来说是非常困难的，中国市场上也很难看到非洲的商品出售。笔者在欧洲调研时，发现法国、德国、葡萄牙等发达国家，都建立了相应的质检、通关、物流等体系，降低了非洲商品进入的成本，同时也保证了商品的质量。同时，市场准入、配额管理等又成为西方国家发展与非洲关系的重要工具。中国在此方面已经开展了大量工作，但还是不够深、不够细，还需要加强重视、增加投入。在人员跨国流动方面，欧美国家已经建立了比较成熟的管理体系，一方面能够吸引非洲的优秀人才；另一方面也加强非洲人进入本国之后的管理，帮助其更好融入，同时打击跨国犯罪等违法行为。相信随着中国国家移民管理局的建立和相应机制的完善，这方面也会逐步提高水平。

总之，中非合作的行稳致远，需要从单纯贸易和投资“求量”“求快”，向更多领域拓展，向精细化方面深入。只有从非洲国家的实际情况出发，实施更为科学合理的政策，优化政府职能，处理好政府、企业和社会组织的关系，才能把“中非命运共同体”建设得更好。

参考文献

[1] 郭凯：《非洲经济面临促就业和防风险两大重任》，《经济日报》2018 年 3 月 1 日第 16 版。

[2] 田伊霖、武芳：《非洲地区贸易便利化：现状评估及对策分析》，《国际经济合作》2018 年第 2 期。

[3] 王洪一：《2018 非洲展望》，《中国投资》2018 年第 2 期。

[4] 刘青建：《合作发展：非洲发展的选择与中非合作的示范效应》，《教学与研究》2018 年第 1 期。

[5] A. Л. 叶梅利扬诺夫、张广翔、高笑：《模仿的民主：非洲的方案》，《北方论丛》2018 年第 1 期。

[6] 郭凯：《非洲：经济结构转型为重中之重》，《经济》2018 第 1 期。

[7] 周海彬、齐金郦、谷红、金劲松、谢萍：《非洲

地区主流社会安全事件特点及应对措施研究——以苏丹为例》，《中国安全生产科学技术》2017 年第 1 期。

[8] 李志伟：《非洲经济进入“脆弱复苏”轨道》，《人民日报》2017 年 12 月 25 日第 18 版。

[9] 武芳：《非洲地区一体化进程的发展与挑战》，《国际经济合作》2017 年第 12 期。

[10] 贺文萍：《非洲政治生态引发新课题，经济形势有新看点》，《世界知识》2017 年第 24 期。

[11] 黄昱：《非洲粮食生产评价及粮食安全问题探究》，《信阳农林学院学报》2017 年第 4 期。

[12] 李智彪：《大宗商品低迷期非洲面临三重危机挑战——以非洲五大经济体为例》，《当代世界》2017 年第 12 期。

[13] 王俊美：《非洲经济发展前景乐观》，《中国社会科学报》2017 年 11 月 24 日第 3 版。

[14] 《城镇化，非洲发展的大趋势》，《新农村商报》2017 年 11 月 1 日第 A03 版。

[15] 万秀兰、李佳宇：《非洲高等教育需求巨大》，《中国投资》2017 年第 20 期。

[16] 张春：《非洲安全治理困境与中非和平安全合作》，《阿拉伯世界研究》2017 年第 5 期。

[17] 胡必亮、马悦：《非洲粮食安全与中非农业合作商机研究》，《中州学刊》2017年第9期。

[18] 刘阳：《非洲经济整合面临制度性制约》，《中国社会科学报》2017年9月4日第1版。

[19] 张卓敏：《非洲经济增长更加倚重内生动力》，《国际商报》2017年9月4日第C02版。

[20] 黎文涛：《非洲安全问题呈现新的发展趋势》，《世界知识》2017年第15期。

[21] 郭凯：《非洲经济“失之东隅收之桑榆”》，《经济日报》2017年6月1日第9版。

[22] 钟伟云、李贺、Qinduo：《我们为什么对非洲发展前景保持乐观?》，《中国投资》2017年第10期。

[23] 吴力：《政策红利增强非洲“造血功能”》，《国际商报》2017年5月12日第A03版。

[24] 赵媛：《非洲经济将快速回升》，《中国社会科学报》2017年4月28日第3版。

[25] 《非洲基础设施建设新趋势》，《建材发展导向》2017年第8期。

[26] 马婧：《要素流动视角下的非洲城镇化研究》，硕士学位论文，山西财经大学，2016年。

[27] 张忠祥：《当前非洲经济转型的特点》，《上海

师范大学学报》（哲学社会科学版）2016 年第 2 期。
［28］严磊：《非洲粮食安全困境的根源与新农业改革》，《山西农业大学学报》（社会科学版）2015 年第 12 期。
［29］余文胜、王磊：《非洲经济与安全形势评析》，《国际研究参考》2015 年第 3 期。
［30］贺文萍：《非洲安全形势特点及中非安全合作新视角》，《亚非纵横》2015 年第 2 期。
［31］郑燕霞：《非洲基础设施建设的前景与中国因素分析》，《国际经济合作》2014 年第 6 期。
［32］张韶华、李潇潇：《非洲中小企业融资：竞争、创新与政府作用》，《征信》2014 年第 2 期。
［33］胡志方：《非洲非政府组织在人权领域的活动状况探析》，《湖南人文科技学院学报》2011 年第 5 期。
［34］方伟：《非洲非政府组织的缘起与现状研究》，《湖州职业技术学院学报》2011 年第 2 期。
［35］王帅、吴宇：《非洲纳入世界体系的代价及后果》，《当代世界》2011 年第 3 期。